Jutta Schlott · Farbenspiele

Jutta Schlott

FARBENSPIELE

Das Leben des Malers Heinrich Vogeler

Der Kinderbuchverlag Berlin

Die Natur hat Feierlichkeit und Behagen,
Groteskes und Humor oft in einem Objekt
und in einer Linie.

Ernst Barlach, 1911

◈

Mitte November gab es den ersten Wintereinbruch. Die Fahrtspuren auf den Wegen verkrusteten, die Pfützen überzogen sich mit einer Haut aus blasigem, krachend splitterndem Eis.

Drei Stunden nach Mitternacht fingen in den Ställen die Hähne zu krähen an, so hell schien in den klaren Nächten der Mond.

Im Haus des Bremer Kaufmanns Vogeler glänzte das Parkett, die Möbel aus edlen Hölzern schimmerten. Gleichmäßig schwang das Perpendikel der großen Standuhr in der Diele. Von rechts nach links, von links nach rechts.

In einem Seitenzimmer schlief Heinrich, der älteste Sohn. Sein Schlaf war unruhig, ihn quälte ein Traum.

Er schwimmt im warmen, sommerlichen Nordseewasser und fühlt seine Arme lahm werden, immer weiter scheint sich der Strand zu entfernen. Angst packt ihn. Der Sog der Flut zieht ihn hinaus ins offene Meer. Ein schwarzer Körper treibt auf den Jungen zu: eine Seespinne. Ein Krake. Das Tier streckt seine schleimigen, mit Saugnäpfen übersäten Arme nach ihm aus. Es wird ihm die Knochen brechen, sein Blut aussaugen!

Es umschlingt ihn, preßt ihm die Luft aus den Lungen. Der Junge will schreien. Gurgelnd füllt sich seine Kehle mit Wasser.

Heftig atmend wachte Heinrich Vogeler auf. Sein Hemd, durchnäßt von kaltem Schweiß, klebte an Brust und Rücken.

Heinrich Vogeler lauschte den Lauten seines Traumes nach. Stille. Nur das leise Ticken der Taschenuhr auf dem Nachttisch. Er zog sie an der Kette zu sich heran, hielt sie ins Mondlicht. Kurz vor fünf. Schwerfällig wälzte er sich aus dem Bett, zog das feuchte Hemd über den Kopf.

Das kalte Wasser, das er sich im Nebenraum seines Zimmers über

Gesicht und Arme rinnen ließ, beschwichtigte das aufgeregte Hämmern seines Herzens.
Auf dem Schemel am Ende seines Bettes lag, sorgfältig gefaltet, frische Wäsche. Angenehm kühl schmiegte sich das baumwollene Gewebe an die Haut.
Heinrich Vogeler streckte die Arme nach oben, rollte die Schultern, um den Schlaf zu vertreiben und die Schatten des Traumes. Der Krake trug ein Gesicht, ein Menschengesicht, aber wem es gehörte, fiel ihm nicht ein.
Beim Kämmen betrachtete sich der Junge aufmerksam im Spiegel. Keine Spur der ausgestandenen Angst ließ sich in den Zügen seines Gegenüber wiederfinden.
Als er sich bückte, sich die Schuhe zuband, wußte er, wem der Krake glich. – Lehrer Engelbrecht, wenn er in Wut geriet. Seine Stirn zog sich zu vier waagerechten und drei senkrechten Falten zusammen. Die vollen, dunklen Brauen stießen über der gekrausten Nase zusammen. Tief eingegraben der Winkel zwischen Nase und Wangen. Die Lippen umschlossen eine von gelblichen Zähnen begrenzte Öffnung, den Mund.
Den gestrigen Anlaß für den Zorn des Lehrers hatte Heinrich vergessen. Genau und leidenschaftslos betrachtete er die Linien des Kopfes. Auf der Rückseite eines beschriebenen Blattes zeichnete er sie nach. Sein Banknachbar verfolgte die Striche, die der Bleistift zog, und lachte auf. Andere Schüler wurden aufmerksam, beugten sich herüber. Federkästen klapperten. Unruhe, Geflüster.
Drohend näherte sich das verzerrte Gesicht von Lehrer Engelbrecht. Er zwang Heinrich Vogeler aufzustehen, ihm den Grund der unterdrückten Heiterkeit preiszugeben. Mit raschem Griff zerknüllte der Lehrer das Papier.
Engelbrechts Rechte umfaßte schmerzhaft Heinrichs Oberarm. Er stieß den Jungen in die Ecke hinter dem Schrank. Der Globus obenauf geriet ins Wanken.
Voller Schadenfreude, die dem Lehrer galt, lachte die Klasse. Der Junge wußte, daß ihn strenge Strafe erwartete, trotzdem fühlte er mehr Genugtuung als Angst.
Einen Brief des Direktors an die Eltern und zehn Seiten Schönschrift als Zusatzarbeit hatte ihm die Zeichnung eingetragen.

Heinrich seufzte. Der Morgentraum, dessen Bedrohung noch auf ihm lag, war schlimmere Strafe.
Aus der Küche im Erdgeschoß drangen gedämpft die vertrauten Geräusche des Morgens. Geschirr klapperte, der Feuerrost im Herd wurde durchgerüttelt.
Anna, das Hausmädchen, bereitete wie jeden Morgen das Frühstück vor.
Nur sie wußte, daß Heinrich erst vor dem Schulgang seine Hausaufgaben erledigte. Bei ihr, in der Küche. Am Ende des großen Tisches, auf dem Fleisch geschnitten, Geflügel ausgenommen und der Teig für Kuchen ausgerollt wurde.
Anna lächelte, als der Junge kam. Sie hatte die weiße, mit Spitzen umrandete Schürze umgebunden, die Sonntagsschürze.
Warum hast du dich schön gemacht, fragte er.
Fidi kommt, sagte Anna. Sie lächelte wieder.
Friedrich Wiese kam nicht oft nach Bremen, in seine Heimatstadt. Monate vergingen zwischen seinen Besuchen. Auch Heinrich freute sich, wenn Fidi kam.
Der Seemann brachte den Kindern von seinen Reisen Geschenke mit, seltsame Dinge mit dem Geruch der Ferne. Muscheln mit rot leuchtenden Öffnungen, Schnitzwerk aus schwarzem Holz oder nie gesehene, süße Früchte.
Heinrich zog es in die Nähe des Mannes. Still hörte er seinen Erzählungen zu. Es ängstigte ihn nicht, wenn Friedrich Wiese im Sommer abends in der Laube hinter dem Hause Korn trank und in langgezogenen Tönen schwermütige Lieder anstimmte. Heinrich kannte das Gefühl, das den Mann so singen ließ. Wenn Fidi kam, hatte Anna abends frei.
Wollt ihr Hochzeit machen, fragte der Junge.
Anna antwortete nicht. Sie seufzte und drehte energischer die große, hölzerne Kaffeemühle. Die frisch gerösteten Bohnen zerknackten mit trockenem Laut.
Heinrich holte seinen Federkasten aus der Mappe und begann zu rechnen. Die Feder kratzte über das Papier.
Vom großen Wasserkessel auf dem Herd fiel zischend ein Wassertropfen auf die Herdplatte. Anna legte Holz nach, dann schob sie dem Jungen sein Frühstück an den Heftrand. Schokolade in der bau-

chigen blauen Tasse, zwei Schnitten, dick mit Butter bestrichen. Ein Ei.
Der Junge kaute genüßlich, ließ die kühle Butter auf der Zunge zerschmelzen.
Du mußt gehen, drängte ihn Anna.
Er nahm seine Mütze und versprach, sich auf dem Heimweg zu beeilen.
Anna lächelte.

Mittags zogen in schneller Folge gebauschte, grau geränderte Wolken über den Himmel. Heinrich stand mit dem Rücken zum Schulgebäude und blinzelte ins Licht. Er wartete, bis sich seine Mitschüler zerstreuten. Am liebsten ging er allein nach Hause.
Wie immer schien ihm der Weg aus der Schule ein anderer zu sein als am Morgen. Die Angst war schuld. Er fürchtete sich vor den Lehrern, nicht nur vor Engelbrecht, er fürchtete sich vor den Mitschülern. Er wich ihren Nörgeleien aus, den Kraftproben, die sie sich lieferten, und galt für feige.
Die Spottbilder, die er von den Lehrern zeichnete, verschafften ihm bisweilen in der Klasse Anerkennung. Sie war von kurzer Dauer.
Mehr als vor den Lehrern graute ihm vor seinen Kameraden, vor ihren derben, handgreiflichen Späßen, den Frozzeleien über sein sommersprossiges Gesicht.
Er schämte sich seiner Ängste. Wenn er die Schule verließ, konnte er sie bis zum nächsten Morgen vergessen.
Die Zeit zwischen Unterricht und dem häuslichen Mittagessen gehörte zu den schönsten des Tages. Aufmerksam betrachtete er alles, was ihm begegnete: Pferdefuhrwerke, Männer mit zweirädrigen Karren, die Kleidung der Passanten.
Er beobachtete die mit den Jahreszeiten sich wandelnden Pflanzen und Sträucher in den Vorgärten. Er sah, daß die Bäume schon im Sommer neben den Blattstielen die Knospen für das nächste Frühjahr ansetzten.
Oft schien ihm, in seinem Gedächtnis gäbe es keinen Platz für die Zahlen aus dem Geschichtsunterricht oder die Merksätze der Algebra. Aber alles, was er mit seinen Augen erfaßte, ließ sich für lange bewahren: Der Tordurchblick in einen Hinterhof. Die Bewegung, mit

der eine Mutter ihr Kind aufhob. Die unterschiedliche Zeichnung der lungernden Katzen auf den Fenstersimsen. Der geduldige und ergebene Ausdruck der schweren Lastpferde.
An diesem Mittag ging er eilig an allem vorbei. Er versuchte, Fidis Gesicht aus der Erinnerung zu holen.
Ein Windstoß fuhr in die Bäume am Straßenrand. Glitzernd löste sich Reif von den Zweigen.
Die Luft roch nach Schnee.
Zu Hause warf Heinrich Mappe, Mütze und Jacke in die Küche. Er rannte in das Hinterhaus, wo die Eisenwaren sortiert wurden.
Zwischen Lager und Packraum gab es einen langen, schmalen Flur mit einem eisernen Ofen. Die Arbeiter nannten ihn Schlauch. In den Wintermonaten wärmten sie sich während der Pausen dort auf. Sie legten ihre mitgebrachten Schnitten auf die glühende Platte des Ofens, damit sie eine braune Kruste bekamen. Heinrich, angezogen vom Duft des Brotes, setzte sich nachmittags gern neben die Männer, deren Tabaksrauch die Luft im Schlauch bläulich färbte.
Der Junge stieß die Brettertür auf. Am großen Tisch in der Mitte saß Friedrich Wiese. Heinrichs jüngere Geschwister umringten ihn. Zwei saßen auf seinem Schoß, die kleine Schwester versuchte, die Finger seiner Faust aufzubiegen. Als Heinrich kam, wehrte der Mann die Kinder ab und stand auf.
Hein, sagte er, Jung büst du grot worden.
Friedrich Wiese sprach das bedächtige Bremer Platt. Wenn er fluchte, mischten sich englische Brocken darunter.
Er reichte dem Jungen die Hand. Heinrich, ihren Druck kennend, hielt kräftig dagegen.
Auf dem Tisch stand eine runde, mit Stoff bespannte Hutschachtel. In den Deckel waren Löcher gebohrt.
Fidi ließ die Kinder sich um den Tisch versammeln und hob mit geheimnisvoller Geste den Deckel an.
Ein Krokodil, rief der jüngste Bruder.
Ut Indien, sagte der Mann, zufrieden mit der Aufregung der Kinder. Er strich sich seinen blonden, gekräuselten Bart glatt. Mit vorgereckten Hälsen, vorsichtig Abstand bewahrend, spähten die Kinder in das Behältnis.
Auf dem Boden der Schachtel saß zwischen vertrocknetem Laub und

kleinen Zweigen ein graugrünes, langschwänziges Tier. Es richtete sich auf den Vorderbeinen auf, entrollte seinen Schwanz und tastete damit suchend die Umgebung ab.
Es ist ein Drache, behauptete Heinrich.
Fidi lachte, er schüttelte amüsiert den Kopf.
Doch, bekräftigte der Junge. Er kann riesengroß werden! Wie ein Pferd! Wie ein Elefant!
Friedrich Wiese erklärte den Kindern, die nicht wagten, die Hand nach der Schachtel auszustrecken, dort säße ein Chamäleon. Und größer, als es jetzt sei, werde es nicht.
Er sagte Kamelschon und berichtete Wunderdinge: Im Gras färbe das Tier sich grün, im Sand gelb, auf dem Teppich bunt und nach Sonnenuntergang werde es dunkel wie die Nacht.
Während er erzählte, fing er mit der Hand eine der großen trägen Winterfliegen und hielt sie dem Chamäleon zwei Handbreit vor den Kopf. Aus seinem Maul schoß blitzschnell die schmale Zunge, faßte die Fliege und ließ sie zwischen den Kiefern verschwinden.
Ii, schrie einer der Brüder. Es ist häßlich!
Heinrich wußte nicht, ob es ihm häßlich erschien oder nur fremd. Neugierig betrachtete er das seltsame Wesen. Er bemerkte, daß das Chamäleon jedes seiner großen, kegelförmigen Augen in eine andere Richtung bewegte.
Wo hast du es her, fragte er.
Ut Indien, sagte Friedrich Wiese. Von en Mann ut Tirutschirapalli.
Die Jüngeren lachten über den Namen und versuchten, ihn nachzusprechen: Tirutschirapalli.
Die Geschwister erhoben keinen Einspruch, als Heinrich das Tier mit in sein Zimmer nehmen wollte. Fidi ermahnte ihn, reichlich Fliegen und Käfer zu fangen, jetzt, im Winter, könne er Mehlwürmer zu fressen geben.
Friedrich Wiese schob die Kinder von sich: So nun will ik zu mien Anna.
Heinrich nahm die Schachtel und trug sie behutsam auf sein Zimmer. In ihrem Innern raschelte es leise.
Er stellte den Kasten auf die Kommode zwischen den beiden Fenstern, öffnete den Deckel.
Das Tier saß reglos. Das eine kegelförmige Auge mit der blanken,

stecknadelgroßen Öffnung, war zur Decke gerichtet, das andere auf den Boden der Schachtel.

Tirutschirapalli, flüsterte der Junge.

Er hielt den Atem an. Vorsichtig legte er den Zeigefinger an die gezackte Rückenlinie des Chamäleons. Keine Bewegung verriet, ob das Tier die Berührung wahrnahm.

Heinrich setzte es auf die rote Decke, die tagsüber auf seinem Bett lag.

Nichts geschah.

Das Chamäleon veränderte weder seine Lage, noch verfärbte es sich. Minuten vergingen, ehe es mit den Augen seine Umgebung abzusuchen begann. Die Augen bewegten sich voneinander völlig unabhängig, ausdruckslos, optischen Linsen gleich.

Tirutschirapalli, redete der Junge das Tier an, blies ihm seinen Atem auf die schmale Stirnfläche zwischen den Augenwülsten. Das Chamäleon gab nicht zu erkennen, ob es den Menschen bemerkte. Um es nicht zu erschrecken, holte Heinrich Vogeler mit gemessenen Bewegungen aus der Schublade seines Schreibtisches Papier und einen weichen Bleistift.

Mit kräftigen Strichen zeichnete er die Umrisse. Setzte die Skizze eines der krallenförmigen Vorderfüße daneben, versuchte abzubilden, wie die Augenkegel in der Kopfhöhlung saßen.

Mehrere Versuche mißlangen.

Es war spät am Abend, als er ein Blatt von sich hielt und es zufrieden betrachtete.

Obwohl er längst schlafen müßte, schlich er vorsichtig über die Haustreppe zum Wohnzimmer. Vielleicht traf er den Vater an seinem Schreibtisch im Erker an.

Alles war dunkel. Still.

Er tappte die Treppe herauf bis zu den Bodenzimmern. Vor Annas Tür blieb er stehen.

Er klopfte an. Zweimal, dreimal. Nichts rührte sich. Er pochte stärker. Er wußte, Anna war da. Sie ließ ihn in ihr Zimmer, wenn er abends nicht einschlafen konnte. Er sah ihr dann beim Stricken oder Nähen zu, bis ihm die Augen zufielen.

Heinrich schlug mit der Faust an die Tür. Dielen knarrten, energisch wurde der Riegel zurückgeschoben.

Mit nacktem Oberkörper stand Friedrich Wiese vor dem Jungen und sah ungnädig auf ihn herab.
Ohne ein Wort zu sagen, wandte Heinrich sich um. Fidis ärgerlich gerunzelte Stirn kränkte ihn, und es kränkte ihn, den Mann in Annas Zimmer zu wissen.
Anna lachte anders, wenn Fidi in ihrer Nähe war. Sie bewegte sich flinker und ließ sich gefallen, daß er ihr die Schürzenschleife aufzupfte. Sie ließ sich sogar von ihm kneifen.
Heinrich hatte auch bemerkt, daß Fidi seinen Arm nicht um Annas Schulter legte, wenn sie abends in der Laube saßen, sondern daß seine Hand tiefer rutschte, unter Annas Achselhöhle und von dort über ihre Brust strich.
Der Junge wußte, daß Anna und Friedrich als Verlobte galten, obwohl sie keine Ringe trugen. Aber er hatte nie etwas anderes gedacht, als daß Fidi nachts zu seinem Vater ginge, dem alten Wiese, im Hinterhaus an der Ecke.
In seinem Zimmer hob Heinrich den Deckel der Hutschachtel an. Die leichte, atmende Bewegung hinter den Vorderbeinen des Tieres zeigte an, daß Leben in ihm war.
Der Junge rollte sich im Bett zusammen. Er hatte sich immer auf Fidi gefreut. Jetzt fragte er sich zum erstenmal, ob er wirklich der mutigste und stärkste Seemann war, den er kannte.
Am anderen Morgen saß Fidi schon in der Küche, als Heinrich aus seinem Zimmer kam. Anna rührte mit einem Holzlöffel in der Milchsuppe auf dem Herd. Ihre Wangen waren gerötet.
Es verdroß den Jungen, daß Fidi auf seinem Platz am großen Tisch saß, und daß Anna nichts dazu sagte.
Der Mann rührte schweigend in seinem Tee. Scheppernd stieß der Löffel gegen das Glas.
Anna summte vor sich hin und drehte ihnen den Rücken zu.
Als Fidi ihn fragte, was er denn zur heiligen Mitternacht mit dem Papier gewollt habe, ging der Junge, ohne eine Antwort zu geben, in sein Zimmer zurück und starrte aus dem Fenster.
Anna trug ihm das Frühstück hinterher. Sie schien verlegen.
Friedrich Wiese blieb zehn Tage. Er verabschiedete sich mit Handschlag von allen im Haus. Heinrich sah an ihm vorbei.
Zwei Wochen später war das Chamäleon verschwunden.

Weder auf seinem Lieblingsplatz, dem alten, weitverzweigten Gummibaum in Heinrichs Zimmer, war es zu finden, noch unter dem Bett oder hinter der Kommode.
Die Mutter versuchte, den Jungen zu trösten, daß es sich durch die offene Tür in irgendeine stille Ecke verkrochen habe.
Tagelang suchte Heinrich mit den Geschwistern jeden Winkel des Hauses ab, den kalten Garten.
Vom Chamäleon aus Tirutschirapalli fand sich nie wieder eine Spur. Von ihm blieben fünf oder sechs säuberliche Zeichnungen. Das Chamäleon auf der Bettdecke, im Gummibaum, auf dem Boden der Hutschachtel und umgeben von Lianen und Dattelpalmen, die Heinrich aus seinem Lesebuch mit Bildern abzeichnete. Außer ihm bekam die Blätter niemand zu Gesicht. Er verbarg sie unter den Hemden im Wäschefach seines Schrankes.

◆

Am Abend des Totensonntages vor seinem sechzehnten Geburtstag saß Heinrich Vogeler in seinem Zimmer und versuchte, sich einen Text über die Obstbaumzucht einzuprägen.
Es war ganz still. Kein Fuhrwerk klapperte vorüber, keine Schritte knirschten. Kühler, nasser Herbst. Jeder Tag stahl sich aus dem Nebel und verdämmerte in ihm. Bald nach dem Mittagessen wurden die Lampen angezündet.
Das Okulieren, Pfropfen, Kopulieren. Die Lehrsätze sprach er leise vor sich hin: Bei den auf das treibende Auge okulierten Stämmchen nimmt man …
Ein gedämpfter Akkord klang an. Im großen Wohnzimmer spielte der Vater Klavier. Die Melodie des *Lindenbaums* … ich träumt in seinem Schatten so manchen süßen Traum …
Heinrich schob das Lehrbuch beiseite, stand auf, holte die große, mit Bändern verschlossene Mappe hinter seinem Schrank hervor. In ihr verwahrte er seine Zeichnungen.
Fünf Blätter wählte er aus: Eine Ansicht der Wallstraße. Annas Porträt. Eine blühende Ackerwinde. Die Kopie einer Federzeichnung, die Bismarck bei Donchery zeigt. Das Chamäleon.

Als er die Zeichnung des Tieres wieder betrachtete, entsann er sich nicht, was ihn vor drei Jahren bewogen haben mochte, die Blätter zu verstecken.

Schläge oder entwürdigende Verhöre gab es für ihn und die Geschwister nicht. Keine Verbote, sondern Regeln der Vernunft. Wurden sie von den Kindern übertreten, prägten sich ein unmutiger Blick des Vaters oder das Seufzen der Mutter nachhaltiger ein als lange Strafpredigten.

Trotzdem fühlte der Junge, daß außer den allgemeinen und offenen familiären Gesetzen auch andere, verborgene und unausgesprochene galten. Für das Muster einer Visitenkarte bedurfte es kaum mehr als eines guten Zirkels. Heinrich hatte sie im Zeichenunterricht angefertigt und erntete vom Vater wortreiches Lob. Als er ihm Tage später die saubere Zeichnung einer Brennessel auf das Schreibpult legte, wurde Heinrich unwillig aufgefordert, er solle seine Rechenkünste verbessern, auch die Handschrift lasse zu wünschen übrig. Der Vater schien nicht zu bemerken, daß Heinrichs Arbeit einer Lehrbuchzeichnung in nichts nachstand. Alles war vollkommen so wie in der Natur: der aufrechte, vierkantige Stiel, die grob gesägten, lang zugespitzten Blätter mit den Brennhaaren, die vielen kleinen, zu Rispen vereinten Blüten.

Papier ist teuer, schloß der Vater und reichte dem Sohn das Blatt zurück.

Laß die Kunst immer den Wein und nie das Brot des Lebens sein, hatte die Mutter gesagt, als er ihr ein Aquarell mit zwei Narzissenblüten schenkte.

Nur die jüngeren Geschwister bewunderten den Bruder uneingeschränkt. Sie ließen sich gerne helfen, wenn sie eine Initiale entwerfen oder mit Lineal und Winkelmesser eine Zierleiste konstruieren mußten.

Heinrich legte die fünf Blätter aus der Mappe nebeneinander. Ja, es waren die besten. Er würde sie dem Vater als Proben seines Könnens vorweisen.

Wie jedem Kind in der Familie wurde ihm zum Geburtstag ein Wunsch gewährt: Batterien bemalter Zinnsoldaten kamen so ins Haus, Puppenstuben, Kasperlepuppen, mechanische Eisenbahnen und der Brüder Grimms großes Märchenbuch. Für die Erfüllung der Wünsche sorgte die Mutter.

Froschkönig, 1896
Radierung

Heinrich wollte dem Vater sagen, was er zur Ermutigung leise für sich sprach: Laß mich Maler werden. Ich will. Ich muß.
Er mußte mit dem Bleistift der Neigung einer Blütenknospe nachspüren oder den Linien eines Gesichtes, die es unverwechselbar machten. Er mußte erfahren, warum mit dem Licht die Farben wechselten.
Was er gemalt und gezeichnet hatte, gehörte ihm, war für immer in seinem Gedächtnis gespeichert. Die Bilder, die dort lagerten, formten die Konturen seiner Träume. Die des Schlafens und die des Wachens.
Der Vater hatte ein neues Lied angestimmt. Sein voller, sicherer Bariton übertönte das Klavier ... manche Trän' aus meinen Augen ist gefallen in den Schnee ...
Entschlossen nahm Heinrich die Zeichnungen zusammen und legte sie zwischen weißes Papier. Lieber hätte er sie heimlich auf den Schreibtisch im Erker gelegt, aber er fürchtete, der Vater könne seine Arbeiten wortlos beiseite schieben.
Heinrich zog sich das Hemd zurecht, strich die Haare glatt. Über die große Wendeltreppe ging er nach unten.
Vor der Wohnzimmertür blieb er stehen, wartete, bis die letzten Töne verklungen waren ... fühlst du meine Tränen glühen, da ist meiner Liebsten Haus ...
Er klopfte.
Der Vater sah von den Noten auf, die Mutter von ihrem Journal. Ehe die Eltern etwas sagen konnten, fing Heinrich seine sorgfältig vorgedachte Rede an. Wochenlang hatte er sie abends vor dem Einschlafen immer wieder verbessert.
Ich will euch um etwas bitten, sprach er mit leiser Stimme. Es ist mein einziger Wunsch. Zum Geburtstag und zu Weihnachten brauche ich kein Geschenk. Ich werde euch nie wieder um etwas bitten ...
Er versuchte, seiner Rede Festigkeit zu geben: Laßt mich Maler werden. Kunstmaler. Ich muß es werden. Es gibt keinen anderen Beruf für mich.
Der Vater stand auf, klappte mit einem Ruck den Klavierdeckel zu. Die Kerzen in den Kandelabern flackerten. Er stellte sich mit dem Rücken zum Zimmer ans Fenster, verschränkte die Arme und schwieg.
Heinrich wagte nicht, sich von der Stelle zu rühren. Seine Hand, in der er die Zeichnungen hielt, wurde feucht.

Draußen auf der Diele schlug die Standuhr dreimal.
Ach, Kind ..., sagte die Mutter bekümmert und verstummte. Der Vater drehte sich um, trat ein paar Schritte auf den Sohn zu: Warum?
Der Junge wagte, den größten aller Sätze zu sagen, den letzten Beweis: Es ist meine Berufung. Ich bin berufen.
Der Vater betrachtete ihn, als sähe er den Sohn zum erstenmal. Ohne ihn aus den Augen zu lassen, setzte er sich wieder auf den Schemel vor dem Klavier.
Heinrich ging zum Tisch und breitete mit schnellen Bewegungen die Zeichnungen aus. Da! Der Vater sah nicht hin.
Nein, sagte er streng. Berufen ist man in seinem Kreis. Du bist der Älteste, du wirst die Firma übernehmen. Das ist deine Berufung. Und im Frühjahr gehst du als Lehrling ins Kontor, so, wie es beschlossen ist.
Der Junge fühlte Tränen in die Augen schießen. Vater, bat er, ich muß malen. Ich kann das nicht ... die Zahlen ... und die Listen.
Mit einer Handbewegung schnitt ihm der Vater das Wort ab: Du wirst es lernen. Wer seine Arbeit liebt, zu dem sprechen auch die Zahlen. Und jetzt geh.
An der Tür rief er den Sohn zurück. Nimm das Papier mit!
Mit gesenktem Kopf sammelte Heinrich die Zeichnungen ein. In seinem Zimmer legte er sich, ohne die Kleider abzulegen, ins Bett und zog die Decke über den Kopf.

◈

Langsam, fast unbemerkt, schlich sich die Krankheit in den Körper des Jungen. Sie begann mit einer allgegenwärtigen, lähmenden Müdigkeit. Das morgendliche Aufstehen kostete ihn Überwindung. Das Ankleiden, Essen, der Gang zur Schule, das Zuhören, das Sprechen – alles wurde Mühe.
Teilnahmslos ließ Heinrich die geschäftigen, weihnachtlichen Vorbereitungen der Adventszeit an sich vorübergehen. Anna flocht mit den jüngsten Geschwistern Sterne aus getrocknetem, geplättetem Stroh.
Na, Heinrich, malst uns was zum Fest, versuchte sie, ihn aufzumuntern.

Er schüttelte stumm den Kopf. Mit hochgezogenen Knien saß er im großen Lehnstuhl und sah dem endlosen Kreisen der erzgebirgischen Pyramide zu. Maria und Joseph, die Krippe mit dem Kind. Die Heiligen Drei Könige. Schafe und Esel. Bergleute in buntgemalter Tracht. Und wieder Maria und Joseph, die Krippe ...

Die gleichmäßige, lautlose Bewegung der Figuren, das sanfte Licht der Kerzen taten ihm wohl. Er umfaßte mit beiden Händen den Kopf; so verminderte sich der Druck in seinem Innern.

An den Abenden verstärkte sich das schmerzhafte Ziehen in den Gliedern, Arme und Beine waren doppelt schwer. Er fror und hustete. Morgens rührte ihm Anna einen Löffel Bienenhonig in die Milch.

Die Tanne, die zum Weihnachtsfest das große Wohnzimmer schmückte, hatten drei Arbeiter aus dem hinteren Teil des Gartens ausgegraben und in einen hölzernen Bottich gesetzt. Die Kerzen waren angezündet, die gläsernen Engelchen, Trompeten und Glocken flitzerten. Annas Strohsterne leuchteten golden. Der Baum strömte würzigen Duft aus.

Heinrichs Tischchen mit den Geschenken überragte ein riesiger Nußknacker. Seine dunkel umrandeten Augen blickten drohend, starr. Das gefräßige Maul mit den rechteckigen Zähnen glich dem eines bissigen Hundes. Er drehte die Figur zur Seite. Ein Buch lag unter den Geschenken. Sagen von der Nordseeküste. Heinrich versuchte, die ersten Zeilen zu lesen. Es gelang ihm nicht, den Inhalt der Sätze zu begreifen. Er las sie wieder und wieder, einen Sinn erfaßte er nicht.

Trotz des warmen, von den Kerzen zusätzlich beheizten Raumes war ihm kalt. Seiner Haut tat jede Berührung weh, selbst da, wo sie von Kleidung bedeckt war.

Am Heiligen Abend aßen auch Anna, der alte Wiese, das Zimmermädchen, die Köchin und der Vorarbeiter am Familientisch. Für die anderen Angestellten war schon am Nachmittag eine Tafel in der Diele zwischen Packhaus und Lagerraum, dem Schlauch, gedeckt worden.

Heinrich saß am unteren Ende des Tisches neben dem alten Wiese, Fidis Vater. Der Mann hatte von den Eltern eine Uhrkette geschenkt bekommen. Wohlgefällig betrachtete er das mit Perlmutt verzierte Schmuckstück.

Die Vorsuppe wurde aufgetragen. Alle falteten die Hände zum Dankgebet. Obwohl er nicht essen mochte, zwang sich Heinrich, die heiße Brühe in kleinen Schlucken zu trinken. Jedesmal klapperte der Löffel gegen den Rand der Boulliontasse. Die Mutter sah vom anderen Ende des Tisches unmutig zu ihm herüber. Heinrich löffelte mit gesenktem Blick weiter. Plötzlich war es still. Heinrich fühlte, daß alle im Raum sich ihm zuwandten.
Ich frier so, wollte er entschuldigend sagen.
Eine kühle Hand legte sich auf seine Stirn, seine Wangen. Aufgeregte Stimmen. Stühle schurrten. Jemand griff ihm unter die Arme und hob seinen Oberkörper an. Dann war es endlich ganz warm, weich und dunkel.
Das Fieber hüllte ihn wohlig ein. Es trug ihn zu kurzen, heftigen Träumen voller Sommer und Farbigkeit, er sah Wolken und besonntes Wasser, dazwischen lagen die langen Dunkelheiten erschöpften Schlafes.
Manchmal tauchte das Gesicht der Mutter vor seinen Augen auf, manchmal das von Anna. Sie sprachen mit ihm, aber er verstand sie nicht. Er wurde angehoben, bitteres ihm eingeflößt.
Eine fremde, männliche Stimme sagte: Das ist die Krisis, gnädige Frau.
Als er das erstemal klaren Sinnes aufwachte, hörte er ein trockenes, kaum vernehmbares Rascheln. Es kam von Fenster. Er wollte den Kopf wenden, es gelang ihm nicht.
Heinrich? Mutters Stimme. Heinrich, bist du aufgewacht?
Er nickte.
Die Mutter beugte sich über ihn. Irgendetwas war anders in ihrem Gesicht. Bevor er darüber nachdenken konnte, was es sein mochte, hörte er wieder das Geräusch.
Was ist das, wollte er fragen, aber seine Lippen öffneten sich nicht. Geschwollen und rissig klebten sie aufeinander. Ein unartikulierter Laut verließ seine Kehle.
Die Mutter erriet die Frage: Es schneit, Junge, sagte sie.
Heinrich wunderte sich, daß sie weinte. Die Tränen fielen auf das Deckbett.
Ja, wiederholte sie, es schneit, die ganze Nacht hat es geschneit, mein armes, armes Kind.

Er schloß die Augen. Als er sie wieder öffnete, saß Anna neben seinem Bett.
Durst, sagte er mit rauher Stimme. Das Innere seines Halses brannte wie eine offene Wunde.
Anna hob seinen Kopf an und setzte ihm die Schnabeltasse an die Lippen. Der kühle Tee linderte den Schmerz.
Zwölf Tage bist du im Fieber gewesen. Annas Stimme schwankte zwischen Vorwurf und Verwunderung. Das neue Jahr ist angefangen, und du hast es nicht gemerkt ...
Am nächsten Vormittag kam Doktor Fuchsberger. Er drückte ihm mit einem Holzstäbchen die Zunge nieder, horchte seinen Brustkorb ab. Die Mutter in weißer Schwesternschürze beobachtete ängstlich die Hantierungen des Arztes.
Doktor Fuchsberger klopfte Heinrich auf das Schulterblatt. Nur Mut, junger Mann, das Schlimmste haben wir überwunden.
Er verschrieb verschiedene Pulver, verordnete Umschläge zur Senkung des Fiebers, empfahl, auf leichte, kräftige Kost zu achten.
Ein junger, unverbrauchter Organismus, sagte er beruhigend zur Mutter, er wird sich selber helfen. Und zu Heinrich gewandt: Bis zur Hochzeit ist alles wieder gut.
Die Krankheit dauerte lange. Die Halsschmerzen vergingen, der Kopf wurde klar, Arme und Beine beweglich, ein leichtes Fieber blieb.
Doktor Fuchsberger lauschte am Hörrohr mit angestrengter Miene den Lauten in Heinrichs Innerem nach. Die Lunge ist angegriffen, murmelte er mißmutig.
Die Eltern standen mit besorgten Gesichtern an Heinrichs Bett. Er versicherte ihnen täglich, daß er Besserung fühle, aber insgeheim wünschte er keine Änderung seines Zustandes. Solange er hier lag, bedrohten ihn keine Schule und keine Prüfungen. Solange er krank war, mußte er nicht ins Kontor.
Er langweilte sich nicht. Er hatte Anna gebeten, sein Bett umzuräumen, so daß er aus dem Fenster sehen konnte. Über dem alten Birnbaum, dessen Äste beinahe ins Zimmer ragten, segelten mit zänkischem Gekreisch die Möwen. Wolken bauschten, ballten sich und zerflossen. An hellen Tagen schien nachmittags die Sonne herein.
Anna hatte ungeräucherten Speck an einen Zweig gehängt. Sperlinge, Blaumeisen und Grünfinken kamen, pickten an dem Fett. Manchmal

Die Amsel, 1899
Radierung und Aquatinta

sah eine Amsel ins Fenster. Ein Buntspecht hieb mit hartem Schnabel auf den Stamm des Birnbaums ein.
Die Bewegungen der Vögel, ihr Steigen, Kreisen, Hängen, ihr Trippeln und Wippen, ihr Auffliegen und Niederlassen prägten sich Heinrich mit der Genauigkeit einer Fotografie ein. Er hätte sie mit geschlossenen Augen zeichnen können.
Papier und Bleistift ließ er unberührt in seinem Schreibtisch. Es gelang ihm, jeden Gedanken an die nächste Woche, den nächsten Monat, das nächste Jahr wegzuschieben. So, wie es war, war es gut: Das leichte Fieber, das ihn schweben machte, das Bett, das ihn schützte.
Im Februar schrieen nachts die Katzen. Jammernd, klagend, langanhaltend wie das Weinen kleiner Kinder. Bisweilen wurden die hohen Töne von wildem Fauchen und Zischen unterbrochen.
Die Katzen singen ihr Liebeslied, sie zeigen den Frühling an, sagte Anna, als sie morgens das Bett frisch bezog. Und du liegst noch immer. Du mußt wollen, daß du gesund wirst. Der Mensch muß einen festen Willen haben, das hilft.
Mit geübten Griffen schob sie das Laken unter die Matratze, strich die Falten glatt. Und deine Milch hast du auch wieder kalt werden lassen, tadelte sie ihn wie einen kleinen Jungen. Doktor Fuchsberger wird böse sein.
Der Arzt verordnete Schlaf am offenen Fenster und kleine Spaziergänge in trockener Luft.
Heinrich stakste mit unsicheren Beinen in den Garten. Unterm Fliederbusch fand er die ersten Schneeglöckchen. Die spitzen, grünen Blätter, zwei Knospen und eine Blüte ragten heil und unversehrt aus einem Rest schmutzigen Altschnees. Der Anblick rührte ihn. Eine Empfindung, die er noch nicht kannte.

◈

Als sie in den Schwarzwald abfuhren, hatte der Birnbaum vor Heinrichs Fenster rundliche Früchte, kaum größer als ein Fingernagel, angesetzt.
Auch in seinem Zimmer in der Pension ließ sich Heinrich sein Bett mit dem Blick nach draußen einrichten. Die Gardinen band er eng

zur Seite. Wenn er aufwachte, sah er Himmel und über dem Fensterbrett die Wipfel dreier Blautannen.
Die Pension lag außerhalb des Ortes in einer Talsenke, den die Wirtsleute den Kessel nannten. Seinen Mittelpunkt bildete die hölzerne Brücke, die über ein schnell fließendes Rinnsal führte.
Blickte man von dort in die Runde, hatte man den Eindruck einer in sich abgeschlossenen, kleinen grünen Welt.
Die Tannenspitzen auf den Höhen des sanft ansteigenden Hügelringes bildeten den Horizont. Die Wiese und der Hausgarten mit Kirsch- und Apfelbäumen gingen ineinander über. Weiß gekalkt, prächtig, erhob sich in der Niederung ein stattliches Haus, die *Villa*.
Doktor Fuchsberger hatte zu dem Aufenthalt in Baden-Baden geraten. Alles würden wir dafür hergeben, wenn der Junge wieder gesund wird, sagte die Mutter. Sie überredete den Vater, die Geschäfte dem Prokuristen zu übertragen und mit in den Kurort zu fahren.
In Decken gehüllt verbrachte Heinrich die ersten Tage im Lehnstuhl auf der Veranda, später im Garten. Er fühlte sich nicht krank, manchmal ein wenig schwach vom Fieber, es war eine angenehme Mattigkeit.
Sie werden sehen, unsere Luft tut Wunder, tröstete die Besitzerin der Pension die Mutter, als sie über Heinrichs lange Krankheit klagte.
Im Garten nisteten Rotschwänze. Heinrich sah dem Pärchen beim Füttern zu, wie sie unentwegt in ihren Schnäbeln Mücken, Larven und Käfer herbeitrugen, wie sie die Jungen aus dem Nest lockten und zu Flugversuchen ermunterten.
Tagsüber war es in der Pension ruhig. Die meisten Gäste gingen nach dem Frühstück in die Stadt. Sie tranken Wasser aus den Heilquellen, flanierten durch den Park, hörten im Vorüberwandeln den Kurkonzerten zu, saßen in den Cafés.
Heinrich fühlte keine Lust, das stille Kesseltal zu verlassen. Seine bläulichen Tannenwände hielten alles Bedrohende und Ängstigende von ihm fern.
Wenn er vormittags im Garten saß, kam Käthe, die Tochter der Wirtin, und brachte ihm unaufgefordert die Tageszeitung. Sie lächelte ihn an und ging weiter.
Käthe mochte zwei, drei Jahre älter sein als Heinrich.

Ihr linkes Bein war kürzer als das rechte, aber sie humpelte nicht, sie versuchte den Makel durch trippelnde Schritte auszugleichen. Ihr Gang gab ihrem Äußeren etwas Kindliches, sie erinnerte Heinrich an seine jüngste Schwester, die gerade laufen gelernt hatte.
Käthe holte Rittersporn und Levkojen für die Zimmer der Gäste aus dem Blumengarten. Rosen für den Speiseraum und das Gesellschaftszimmer. Ihr Weg führte sie jedesmal an Heinrichs Stuhl vorbei, und Heinrich hoffte, daß es kein Zufall war, denn sie sah ihn an und lächelte.
Einmal in der Woche breitete das Mädchen auf dem Rasen unter den Blautannen die frisch gewaschenen, noch feuchten Tischdecken zum Bleichen aus. Sie trug Kissen zum Lüften nach draußen, abends brachte sie die Korbstühle, die die Gäste benutzten, ins Haus zurück.
Nicht ein einziges Mal sprach Käthe ihn an. Heinrich lauschte auf ihre Stimme, wenn sie Gästen Antwort gab oder mit ihrer Mutter redete. Er mußte genau hinhören, um sie zu verstehen, gänzlich verschieden klang hier das Deutsch von dem, das er aus Bremen kannte.
Nicht nur die Sprache des Landstrichs war anders. Heinrich bemerkte, daß auch Farben und Licht sich von den nördlichen unterschieden. So laue, samtige Luft hatte er nie gespürt. Nur selten strich ein Wind über die Wiese im Kessel.
Ende Juli wurde das Wetter wechselhaft. Morgens schien die Sonne, aber schon vor Mittag tauchten die ersten Wölkchen auf, die rasch quollen und in schneller Folge über den Kessel zogen. Manchmal entlud sich gegen Abend ein Gewitter, kurz, heftig und von grollendem Echo, das die Nachbartäler zurückwarfen, begleitet.
Heinrich blieb im Lehnstuhl sitzen, bis die ersten schweren Tropfen fielen. Man hörte ihr Zerplatzen auf den Blättern und dem Schieferdach.
An einem Nachmittag trippelte Käthe hastig an ihm vorbei und raffte die Wäschestücke zusammen, die auf dem Rasen lagen. Es waren so viele, daß sie sie nicht auf einmal wegtragen konnte. Die Tropfen fielen in immer schnellerer Folge. Heinrich stand auf und nahm ihr den Wäscheberg aus dem Arm. Käthe warf sich die letzten Tischdecken und Laken über die Schulter und lief ihm in eiligen Hüpfschritten voraus. In der Wäschekammer legte sie alles auf die Kommode. Heinrich blieb verlegen stehen.

Käthe nahm eine Tischdecke, faltete sie in der Mitte, schob sie mit der linken Hand zwischen die Rollen der Mangel, mit der rechten bewegte sie die Kurbel. Heinrich nahm sie ihr aus der Hand und drehte.
Daß Sie sich nur nicht überanstrengen, Herr ...
Er war enttäuscht, daß sie ihn nicht beim Vornamen nannte, aber gleichzeitig froh, daß er neben Käthe stand, ihr nützlich war und sie ansehen konnte. Die feuchte Luft hatte die Haare an ihren Schläfen gekräuselt, das Zopfende war aus dem Kranz in ihrem Nacken gerutscht. Heinrich beobachtete ihre gleichmäßigen, flinken Bewegungen, mit denen sie die Wäsche glatt strich, auf der anderen Seite der Mangel abnahm, faltete und zu säuberlichen Stapeln ordnete.
Von da an half er Käthe, wenn es niemand sah. Er fürchtete, die Mutter fände es unschicklich, daß er mit einem Mädchen vom Personal umging. Heinrich brachte die Sträuße ins Haus, schnitt Liebstöckel und Petersilie, half Post und Zeitungen für die Gäste zu verteilen.
Am liebsten ging er in die Wäschekammer. So reinlich, frisch und duftend wie dieser Raum war auch Käthe. Der würzige Duft rührte von den Lavendelsträußchen, die das Mädchen zwischen die Wäschestapel legte.
Nach ein paar Tagen blieb das Fieber aus. Argwöhnisch kontrollierte die Mutter drei- bis viermal am Tag die Temperatur. Das Fieber war verschwunden. Es kam nie wieder.
Heinrich begleitete die Eltern auf den Spaziergängen nach Baden-Baden. Nachmittags auf der Promenade trafen sich die Kurgäste. Gemessenen Schrittes wandelten sie durch die Anlagen, tranken den Sprudel der Heilquelle aus eigens dafür gefertigten Porzellanbechern. Man grüßte, nickte, plauderte.
Heinrich hatte noch nie so viele goldene Uhren und Ketten, Diamantringe und mit Brillanten besetzte Kolliers gesehen.
Alle Frauen trugen Hüte.
Die Schuten der jungen Frauen und Mädchen in Bremen waren aus leichtem, hellem Baumwollstoff gefertigt. Die gewölbte Krempe über der Stirn wehrte die Sonne ab, der Schleier im Nacken schützte die Haare, unterm Kinn wurde mit breiten Bändern eine Schleife gebunden, damit der Wind die Kopfbedeckung nicht davontrug.
Die Hüte der Damen in Baden-Baden schienen Gebilde der freien Phantasie, an keinen Zweck gebunden. Über ihrem Rand blitzte

Straß, leuchteten die Augen der Pfauenfedern, wippten seidene Feldblumensträuße. Grell gelackte Kirschen aus Pappmaché sah Heinrich, künstliche Schmetterlinge und Vögel, Kolibris sogar.
Hier trifft sich die Welt, seufzte die Mutter zufrieden.
Heinrich langweilte sich. Alle Gespräche in der Pension, im Café, in der Kurhalle drehten sich um die Wirkung der Heilquellen, um Rheumatismus und Frauenleiden. Kamen neue Gäste an, wurde ihre Garderobe begutachtet und Vermutungen über ihre Vermögenslage angestellt. Die aufregendste Beschäftigung der Männer bildete das Billardspiel. Abends im Gesellschaftszimmer wurde Karten gespielt. Die Frauen lasen Journale oder unterhielten sich.
Heinrich saß stumm daneben. Er merkte, daß auch dem Vater diese Umgebung nicht behagte. Er war es gewohnt, an jedem Wochentag früh aufzustehen und sich bis zum Abend um das Geschäft zu kümmern. Trotzdem war von Abreise nicht die Rede. Der Arzt, dem Heinrich einmal in der Woche vorgestellt wurde, hatte zur Kräftigung einen weiteren Aufenthalt von mindestens einem Monat empfohlen. Und viel an die frische Luft, verordnete er.
Heinrich und der Vater zogen derbe Schuhe an, wollene Wadenstrümpfe. Sie unternahmen immer ausgedehntere Wanderungen. Im Rucksack trugen sie Proviant mit sich. Um die Mittagszeit setzten sie sich ins Gras, breiteten auf einer Serviette das Mitgebrachte aus, aßen und tranken.
In der Stille der hochsommerlichen Wälder hörten sie Spechte klopfen. Trocken raschelte das vorjährige Laub, wenn eine Blindschleiche davonhuschte, eine Maus sich verkroch. Sie sahen zwei Eidechsen, die sich auf einem Baumstumpf sonnten. Heinrich entdeckte Vogelnester, eine Dachshöhle. Er war es, der den Vater auf Pflanzen und Tiere, auf Spuren aufmerksam machte.
Ohne dich säh' ich nur halb soviel, sagte er anerkennend zum Sohn.
Sie gingen stets ruhig, ohne Hast, nicht eines Zieles wegen. Gewärmt von der Sonne, umgeben von bläulich schimmernden Tannen und meterhohem Gras empfand sich Heinrich selbst als Teil der Natur. Er fühlte die monatelange Bedrückung sich mildern.
Sie sprachen wenig. Nie von Bremen, nie von der Lehre, die Heinrich bei der Rückkehr erwartete.
Auf den einsamen Waldwegen begegnete ihnen kaum ein Mensch.

Manchmal, in der tiefen Stille fing der Vater zu singen an. O Täler weit, o Höhen! Oder: Sieh an der schönen Gärten Zier ...
Seine volle Stimme klang selbstbewußt und sicher. Heinrich, hinter dem Vater gehend, hörte ihm gern zu, und doch machte ihn der Gesang beklommen.
Auf einer großen Lichtung entdeckten sie am Hang ein Feld von Fingerhüten. Die meisten Blüten leuchteten purpurrot, aber auch Stengel mit weißen Blüten sahen sie. Wilde Bienen und Hummeln summten um die Stauden. Der Himmel bildete makellos blauen Hintergrund. Sie standen minutenlang still und staunten.
Wie schön, sagte der Vater. Heinrich schwieg.
Nach ein paar Tagen drängte der Vater, die Lichtung noch einmal aufzusuchen. Dort angekommen, suchte er zwischen den mannshohen Blumen lange nach zwei glatten, nebeneinander stehenden Baumstümpfen.
Heinrich solle sich setzen. Aus dem Rucksack holte der Vater einen Kasten mit Ölfarben und rechteckige, kleine Holzplatten. Eine reichte er dem Sohn. Da, sagte er, nun zeig, was du kannst!
Heinrich rührte sich nicht. Das Blut schoß ihm zum Kopf. Sein Herz polterte.
Der Vater stieß ihn an. Na los, fang an – oder willst du nicht mehr auf die Akademie?
Am Abend zeigten sie der Mutter ihre Arbeiten. Neidlos gab der Vater zu, daß die des Sohnes die gelungenere war. Auf ihr erkannte man nicht nur im richtigen Verhältnis den aufrechten, graufilzigen Stengel, die lanzenförmigen Blätter und die purpurnen, hängenden Blüten mit weiß umrandeten, dunklen Flecken – man ahnte die Schönheit der Pflanze.
Sie stießen mit Sekt auf den neuen Zukunftsbeschluß an. Heinrich meinte in einem Traum zu schweben.
Spät am Abend rannte er auf die Kesselwiese. Er sah nach oben und drehte sich heftig im Kreis, bis die Sterne zu trudeln begannen. Er ließ sich rücklings ins Gras fallen. Maler, flüsterte er, ich werde Maler.

Nach Bremen zurückgekehrt, betrachtete der Vater aufmerksam die Blätter in Heinrichs Mappe. Sogar Gästen wies er sie vor. Er kaufte dem Sohn teures weißes Papier, Stifte und Farben.
Anna saß Heinrich geduldig Modell. Aber jetzt, da er nichts mehr zu verheimlichen brauchte, reizten ihn andere Menschen, andere Räume.
Er zeichnete die Arbeiter im Lager, im Packhaus. Rücken, Profile, Hände. Er zeichnete sie, wenn sie im Schlauch saßen und sich ausruhten. Die meisten drehten ihr Gesicht beiseite.
In einer Pause bedeutete ihm der alte Wiese, mit ihm vor die Tür zu kommen.
Sie haben das nicht so gern, junger Herr.
Aber warum, wunderte sich Heinrich.
Sie mögen keine Aufpasser, erwiderte Wiese mißmutig.
Ich bin kein Aufpasser, ich geh nach Düsseldorf, auf die Akademie ...
Wiese spielte mit seiner Uhrkette, sah Heinrich nicht an: Du bist nun mal der Sohn vom Alten, junger Herr. Vom Chef. Er sprach das Wort verächtlich aus.
Heinrich sah ihn verblüfft an. Noch nie hatte er den Mann so reden hören. Wiese nahm seine Mütze ab, wenn er ins Vorderhaus kam. Er wies den anderen Arbeitern die Arbeit zu und achtete darauf, daß sie sorgfältig ausgeführt wurde. Er duldete keine Bummelei. Zu Weihnachten hatte der Vater ihm die Uhrkette geschenkt, er hatte neben ihm am Festtisch gesessen. Vielleicht war es eine momentane Verärgerung, die den Mann so reden ließ, dachte Heinrich, er versuchte einzulenken: (Vater ...)
Aber Vater gibt euch doch das Geld und ...
Man nicht eben viel, junger Herr, unterbrach ihn der Ältere. Gestern hat es dem Dankert zwei Finger abgequetscht mit der Blechschere. Da kann er nun sehn, was mit ihm wird.
Aber da kann doch der Vater nichts für ...
Junger Herr! Wiese rupfte am obersten Knopf seiner Joppe. Seine Stirn krauste sich: Es ist man trotzdem besser, wenn du jetzt gehst, unsereins hat auch bloß eine Geduld, die mal am Ende ist.
Gekränkt wandte sich der Junge ab.
Heinrich fühlte sich ungerecht behandelt, den Vater auch. Ich geb ihnen Brot, sagte er oft, wenn er von den Arbeitern sprach.

Am Abend ging Heinrich zum Vater ins Kontor. Selten, nur wegen wichtiger Dinge, begab er sich dorthin.
Der alte Wiese sagt, es ist zu wenig Geld, das sie bekommen. Er sah der Vater prüfend an.
Da stecken die Roten hinter! Der Vater klopfte ärgerlich mit dem Bleistift auf das Schreibpult.
Die Roten? Heinrich hatte das Wort nie gehört.
Ja, die Roten. Arbeiter, die sich einbilden, regieren zu können. Sie wollen die Herren sein in den Fabriken und im Kontor.
Aber dürfen sie denn das?
Der Vater lachte belustigt: Niemand darf das, das versprech ich dir. Der Herrgott hat die Welt geschaffen, wie sie ist. Es hat immer Arme und Reiche gegeben. Die Fleißigen kommen zu was, und die Faulen bleiben arm. So ist das. Mit einem Knall schlug der Vater das Geschäftsbuch zu.
Heinrich ging auf sein Zimmer.
Der unangenehme Tag schlich sich, öfter als ihm lieb war, in seine Gedanken ein. Die Arbeiter, Anna, der Prokurist, der alte Wiese, Vater, Mutter und die Geschwister – er betrachtete sie als eine Gemeinschaft, eine große Familie, die gemeinsam arbeitete und das Erworbene verteilte. Mutter gab den Bettlern Brot, wenn sie an der Tür klingelten, und schenkte den Armen im Winter abgelegte Sachen, damit sie nicht froren.
Man mußte gut zu denen sein, die nichts hatten.
Er begriff nicht, warum der alte Wiese nicht dankbarer war, warum er mit Groll vom Vater sprach.
Plötzlich gab es einen Unterschied zwischen dem Vorderhaus, in dem er lebte, und dem Hinterhaus, in dem gearbeitet wurde. Etwas war aus den Fugen geraten. In Unordnung.
Er war froh, daß er ihr entkommen würde. Noch leuchtender erschien in seinen Vorstellungen die Akademie in Düsseldorf. Zeichnen, Malen, Studieren. Die Welt der reinen Kunst wartete auf ihn.

Vogeler rückte den Schemel zurecht, so daß er die Figur in der Vorderansicht betrachten konnte. In Augenhöhe hatte er die Füße des Gottes Apollon, mit Riemensandalen bekleidet. Daneben der Stumpf eines Lorbeerbaumes.
Die Statue schien zu schreien, den linken Arm hielt sie erhoben, als wolle sie die Hand zum Gruß öffnen.
Mit unwilligem Laut stand Vogeler auf. Aus dieser Sicht, von unten aufblickend, ließ sich kein Eindruck gewinnen, der dem Standbild als Ganzem gerecht wurde.
Vogeler ging zur Fensterfront und lehnte sich mit dem Rücken gegen die Wand. Er kniff die Augen bis auf einen schmalen Spalt zusammen und versuchte, den Gott Apollon als einzelnen zu sehen, herausgelöst aus der Schar der Plastiken, die ihn auf engem Raum umstanden: Die trauernde Penelope. Zeus knieend, Zeus stehend. Athene mit Kopf und ohne. Drei dornausziehende Knaben. Speerkämpfer, Krieger, Augias mit der Schaufel, Artemis unter der Haube, ein persischer Reiter, vom Pferd gleitend, vier weibliche Abbilder, Tugenden symbolisierend.
Ich will mir's leichter machen.
Er holte den Papierblock, den er gegen den Schemel gestellt hatte, wechselte den weichen Bleistift gegen einen spitzen, harten aus. Er konzentrierte sich. Nichts anderes existierte auf der Welt als die Linie zwischen dem Halsansatz und dem rechten Zeigefinger, von der rechten Achsel über Brust, Lenden, Waden bis zum Zeh.
Er arbeitete schnell, die Linien flossen und fügten sich. Ein Gebilde entstand, das dem Bewegten folgte, dem Schreiten. Das Blatt mit ausgestreckten Armen von sich haltend, durchfuhr ihn ein heftiger, aufbrausender Triumph: Das ist es. Das ist meins. Das ist mein Gott Apoll.
Das Hochgefühl, das kaum Sekunden dauerte, wich tiefer Niedergeschlagenheit.
Die Zeichnung hatte nichts mit dem gemein, was von ihm erwartet wurde.
Der Gott des Lichtes und der Sonne, der Beschützer des Gesanges und der Dichtung, sollte wie jede andere Statue, die der Antikenklasse zu zeichnen aufgegeben war, in weichen Formen, in sanftem Licht auf dem Papier der Studenten erscheinen. Nicht eigene Sicht war gefor-

dert, sondern die Unterordnung unter das Ideal der Antike. Oder was die Lehrer dafür hielten.

Nicht einmal, wenn lebende Modelle die menschengroßen Gipse ersetzten, galt die Form ihrer Körper als Maßstab.

Weil er ihn empörte, hatte Vogeler einen Satz aus dem Lehrplan der Akademie auswendig gelernt. Grimmig murmelte er ihn vor sich hin: ... bei den Übungen im Aktzeichnen wird besonders darauf hingewirkt, daß der an der Antike aufgefaßte Typus auch an dem lebenden Modell studiert und somit die Abstraktion von dem Zufälligen und Mangelhaften in den Erscheinungen der Natur zur Fertigkeit erhoben und der Sinn für die ideale Form zugleich mit der unmittelbaren Anschauung der Natur geübt werde ...

Das Zufällige und Mangelhafte in der Natur! Wer durfte sich zum Richter aufwerfen, ob die Knospe oder die Blüte einer Pflanze schöner war; der Leberfleck auf der Haut oder besonderer Reiz.

Vogeler sah sich um. An diesem Sonntagvormittag war er der einzige, der sich außerhalb von zwölf wöchentlichen Zeichenstunden Zutritt zum Antikensaal erbeten hatte.

Ein Wald aus gipsernen Leibern umgab den Studenten. Nike, Juno, die Venus von Milo. Laokoon und Zeus. Sterbende Amazonen, Göttinnen der Schönheit, der Liebenden, der Liebe und Heerscharen kämpfender Krieger.

Die meisten Figuren reckten in ekstatischer Erregung die Arme, drohten mit Waffen. Andere posierten, als nähmen sie an einem Schönheitswettbewerb teil.

Die Enge und Fülle, die seltsame Zusammenwürfelung entlarvten die Gesten und Gebärden. Das gelobte klassische Ebenmaß der Figuren erschien Vogeler widernatürlich, gestelzt, von jeglichem Leben entfernt. Die Gipsabdrücke, Nachbildungen von Nachbildungen, hatten mit Kunst, mit originalem Ausdruck kaum Gemeinsames mehr. Die Hülle war geblieben, die –

Vogeler schob den Schemel beiseite, nahm sein Papier.

Raus, nur raus!

Die Vorstellung überfiel ihn, die Gipse könnten wie lebende Modelle von den Sockeln steigen, die Glieder ausschütteln, die steif gewordenen Arme, Nacken und Beine reiben, das Blut wieder in Bewegung

bringen und sich gleich ihm unter die sonntäglichen Spaziergänger mischen.
Vogeler schob das schwere Eingangstor auf. Draußen blendete ihn die Helle.

◈

Die Veranda des kleinen Gasthauses am Rheinufer belebte sich zur Mittagszeit. Der Wirt war bekannt für seine gute Küche.
Robert saß im Gegenlicht. Die Sonne leuchtete durch die Linde, unter der sein Stuhl stand. Sie warf bewegliche helle Flecke auf die Jacke, die Haare, das Tischtuch. Robert aß Rinderfilet mit Kaiserspargel und jungen Karotten. Genüßlich fischte er die Spargelstangen aus der flachen, ovalen Schüssel, nicht ohne sie vorher gründlich in die Soße aus Butter, Eidotter und Weißwein zu tunken. Auf der Gabel hielt er die Spargelspitze über den Mund und ließ sie langsam zwischen die Lippen gleiten. Jedesmal schloß er die Augen, um den Geschmack ganz auszukosten.
Heinrich Vogeler betrachtete stumm den Freund. Ihn drängt nichts, dachte er bitter. Er kann hier sitzen und genießen. Er fühlt keinen Zwang. Für ihn ist Mai.
Robert hielt ihm aufmunternd sein Glas hin. Prost, Mensch!
Der Wein geriet in einen Sonnenstrahl, fing das Licht in einem goldenen Punkt und verstreute es von dort über das Tischtuch.
Vogeler tippte sein Glas gegen das des Freundes: Prosit – es möge nützen. Es muß was anders werden, Robert ... Ich halt das so nicht aus. Hier lern ich nichts dazu, hier vergeß ich eher, was ich gekonnt habe. Mit der Kreide und dem Wischer – das ist nicht meine Art. Alles so ungefähr! Bei mir muß es genau sein, jeder Strich, sonst komme ich nicht dahinter, wie ein Körper gewachsen ist, woher die Bewegung kommt und wie. Ich muß es aber wissen.
Robert sah mit zärtlichem Blick auf eine rosige, kaum fingerdicke Karotte: Mußt du?
Ja, ich muß.
Robert lachte. Er imitierte den Professor: Mit dem spitzen Stift! Soso. Wehrt sich ganz offen gegen die anerkannten Methoden der Maler-

akademie. Nicht wahr, Vogeler, er stichelt wie ein altmodischer Kupferstecher aus dem vergangenen Jahrhundert. Bißchen spät geboren, was?
Ach, Robert. Vogeler seufzte. Es ist aber doch kein Spaß. Für mich nicht.
In der Flasche, aus der Robert den Wein nachschenkte, gluckste es. Jedenfalls ist es die beste Belehrung für unsere Herren Professoren, daß wir heute nachmittag ihre hochwohllöblichen Exerzitien mit unserer geschätzten Abwesenheit beehren!
Vogeler drehte das Glas mit dem Wein in der Hand und ließ das Licht darin spielen. Wenn du wüßtest, Robert, wie ich mich auf die Akademie gefreut habe. Was heißt gefreut! Es gab nur das für mich, es war mein einziges Ziel. Und jetzt ist es so – er suchte nach einem Wort –, ja, eng ist es hier, so begrenzt und dumpfig. Und ich wollte endlich etwas Neues.
Die Wirtin kam und räumte das leere Geschirr ab. Auf dem Brustlatz ihrer weißen, gestärkten Schürze leuchtete ein Erdbeerfleck. Die Haare trug sie wie Käthe aus Baden-Baden zu einem Kranz aufgesteckt.
Die jungen Männer sahen schweigend ihren Hantierungen zu.
Mensch, was du grübelst! Robert beugte sich plötzlich über den Tisch und stieß Vogeler an die Schulter. Sorgen wir eben selber für unser Studium. Akademie! Die alten Professoren! Alles was wir brauchen, ist doch da! Er machte eine weite Armbewegung: Natur! Landschaft! Leben! Wir gehen nach Holland! Zu den alten Meistern.
Vogeler mußte lachen über die Begeisterung des Freundes. Holland. Das Semester dauert noch!
Ach was. Robert schnitt ihm das Wort ab. Unser Malsaal wird Holland. Und Peter kommt mit.

◈

Zu dritt in den Sommer. In die Sonne. Über das flache Land. Über den Köpfen nichts als Himmel. Sich in jede Richtung wenden können. Frei sein. Freund sein. Gleicher unter Gleichen.
Das Gasthaus der Familie Maldegen in Sluis, wo sie ein Zimmer nah-

men, lag direkt am Kanal. Alle Schiffe und Kähne, die nach Brügge wollten oder von dort kamen, zogen an dem Haus vorbei. So nahe, daß ein Sprung genügte, vom Fenster des oberen Stockwerkes auf ein Deck zu gelangen. Den Kanal umsäumten Pappeln. Nachts, wenn sich scheinbar kein Windhauch regte, raschelten die Blätter mit leisem Laut. Wispern. Nachtgeflüster. Die Kähne hoben und senkten sich in der Dunkelheit wie große, schlafende Tiere. Das schwere Ächzen der Taue, um die Polder geschlungen.

Das Zimmer der drei Studenten, das billigste, lag unter dem unverkleideten Dach. An den Sparren hingen Gerätschaften zum Fischefangen und Netzeflicken.

Vogeler gehörte das Bett unter der Bodenluke, die Tag und Nacht geöffnet blieb. Wachte er morgens auf, strich kühle Luft über sein Gesicht. Sie trug ein Gemisch verschiedener Gerüche mit sich: Wasser, Tang, Teer, Fisch, den Duft von Levkojen aus den Hausgärten.

War Vogeler als erster munter, nahm er vorsichtig seine Kleider, um die Freunde nicht zu wecken. Tagsüber ging jeder seiner Wege. Jeder mußte allein sein mit dem, was auf das Papier sollte. Kein anderer Gedanke durfte stören, kein Wort, selbst das von Freunden nicht.

Vogeler zog zum nahen Hafen. Er setzte sich auf eine ausgedehnte Holzkiste und zeichnete: Schiffer, Fischweiber, Hunde, die zwischen ihren Beinen herumstrichen.

Die Leute nahmen kaum Notiz von dem jungen Mann mit seinem Skizzenbuch. Manchmal wurde ihm ein freundlicher Gruß zugenickt. Jeder war mit eigener Arbeit beschäftigt.

Außer Hering, Schellfisch, Butt und Kabeljau verfingen sich manchmal zierliche Seepferdchen in den Netzen, die die Fischer zum Trocknen in die Sonne legten. Auch seltsam ungeheuerlich anmutende Tiere gingen in die Maschen. Sie wurden ins Wasser zurückgeworfen oder den Kinder zum gruseligen Erstaunen vorgewiesen.

Einen vollständigen Seeteufel sah Vogeler zum erstenmal. Das Fleisch des Fisches, weiß und saftig, hatte er schon gegessen. Anna kaufte es als Delikatesse auf dem Bremer Markt, wo stets nur der Rumpf angeboten wurde. Der ballonförmige Kopf, größer als der Körper und von gespenstischem Aussehen, trennten die Fischer gleich nach dem Fang ab. Er hätte die Käufer verschreckt: Das riesige halbrunde Maul, von schleimigen Hautlappen umsäumt, trug mehrere Reihen spitzer

Studie, 1892
aus dem Skizzenbuch

Zähne. In der Mitte des Kopfes, zwischen stachligen Auswüchsen, lagen dicht beieinander zwei gelbliche, blöde glotzende Augen. Borsten von Handlänge wuchsen auf der Kammlinie.
Die Fischer nannten den Seeteufel den Fischenden Frosch, weil er mit dem unten abgeplatteten Körper auf dem Meeresboden liegend das Herannahen seiner Beute abwartete. Sie erzählten, daß er seinen Fang anlockte, indem er von seinen Kopfborsten ein Licht aussende.
Im Korb eines Hummerfischers fand sich an einem hellen Nachmittag das Tier, das Heinrich Vogelers Kindheitsängste genährt hatte. Ein Krake. Das Tier glich kaum dem Fabelwesen seiner Träume. Es maß knapp einen Meter. Fidi hatte erzählt, es gäbe Kraken, die mit ihren Fangarmen selbst große Schiffe umschlangen und in die Tiefe zögen.
Vogeler zeichnete sorgfältig die Augen, den Leib, das Maul mit den kräftigen Kiefern, die runden Saugnäpfe an den Armen.
Einmal auf das Papier gebracht, genaueste Beobachtung fordernd, verlor das Tier alles Unheimliche oder Ängstigende. Ein Bann war gebrochen.
Die Seiten in Vogelers Skizzenbuch bedeckten sich mit Studien von Krabben, Nagelrochen, Garnelen, Miesmuscheln, Quallen.
Unter dem Wasserspiegel existierte eine eigene Welt mit nur ihr eigenen Formen. Grotesk und bizarr, aber auch weiche, schmiegsame Linien voller Eleganz und Harmonie.
Orakelnde Fische, Nixen, versunkene Städte und lockende Stimmen über dem Wasser geisterten durch die Erzählungen der Kneipengäste, die sich abends im Maldegenschen Gasthaus die Zeit vertrieben. An den glatt gescheuerten Tischen saßen Fischer und Seemänner, die kleinen Händler und Handwerker des Ortes. Freundlich nahmen sie die drei Studenten in ihren Kreis auf. Einen Spaß mußte man verstehen können. Einen derben auch. Es wurde gern gelacht. Spockjes erzählt.
Die jungen Männer sollten beantworten, woher der Butt sein schiefes Maul habe und der Schellfisch seinen Namen. Warum keine Advokaten in den Himmel kommen, und woher die Kerbe in den dicken Bohnen rühre.
Das Flämische, dem norddeutschen Platt verwandt, ging Vogeler bald leicht von den Lippen. Manche Worte kannte er von Fidi, andere erriet er am Tonfall. Er übersetzte für Robert und Peter, die aus dem

Fränkischen stammten. Ihren Ohren klang die Sprache sehr fremd. Oft stellte die Wirtin Bier oder klaren Schnaps, den die Stammgäste spendiert hatten, vor die jungen Leute hin. Zum Dank malten die Studenten Firmenschilder und werbende Aushänge für Tischler, Schlachter und Barbiere. Erfanden witzige Figuren, schwungvolle Initialen. Ein lockeres Nebenbei.

Den täglichen Ertrag ihrer Arbeit, die Skizzen von Landschaft, Menschen, Tieren, die Farbstudien, perspektivische Details betrachteten sie untereinander mit argwöhnischen Augen. Nichts galt ihnen als gelungen oder gar vollkommen. Jeder Versuch war der Verbesserung würdig. Frei und scharf in ihrem Urteil, waren sie sich nahe. Kränkung gab es nicht. Sie übten sich im wirklichen Sehen, im wirklichen Erfassen.

Daß sie zur selben Zeit im staubigen Malsaal der Düsseldorfer Akademie hätten Gipsfüße und Heldenköpfe zeichnen sollen, strich manchmal, ein unwirklicher Schatten, durch ihr Gespräch.

Zu dritt machten sie Ausflüge nach Brügge, der alten Malerstadt. Aus dem warmen Julimittag in die hohen, kühlen Räume der Liebfrauenkirche, des Johannishospitals, reich an Bildern und Skulpturen. Vor mehr als vier Jahrhunderten hatten die Alten hier gearbeitet. Unerreichbar schien den Studenten die Kultur ihres Malens und Präzision ihres Ausdrucks. Sie sogen Farben und Formen in ihr Gedächtnis ein. Sie seufzten. So gestalten können!

Und wieder hinaus in den Tag, in die verwinkelten Straßen. Vor den Giebelhäusern saßen rundliche, bejahrte Frauen in Häubchen. Vor ihnen Klöppelbretter, auf denen sie Spitzen wirkten.

Morgens lagen Nebel auf dem Wasser. Der Sommer hatte seinen Höhepunkt überschritten.

Die Runden in der Maldegenschen Kneipe wurden stiller. Gäste blieben aus.

Was Gerücht war, wurde Gewißheit. Die Cholera ging um.

Gräßliche Berichte über den Verlauf der Krankheit wurden erzählt: unstillbares Erbrechen, Verlust aller Körpersäfte, die Augen von schwarzen Ringen umgeben, schließlich völliges Erlahmen der Lebenskraft, blaue, abgestorbene Gliedmaßen. Das Ende.

Die ersten Leichen schaukelten auf einem Docksschiff im Hafen. Weg, nur weg hier, sagte Robert.

Aber wie? Alle Straßen, Wege, Kanäle waren gesperrt. Um die Seuche einzudämmen, durfte niemand seinen Ort verlassen. Die Straßen lagen menschenleer. Nachts schaffte man auf Karren die Toten fort. Nur der Doktor, begleitet von schwarz gekleideten Schwestern, ging von Haus zu Haus.
Die drei flehten ihn um ein Gesundheitszeugnis an. Er betrachtete die jungen Leute und half. Er stellte ihnen ein offizielles Gutachten aus, das ihnen die Ausreise erlaubte. Sie waren bereit, an einen Malergott zu glauben: Der Arzt gab sich als ein Nachfahre des großen Peter Paul Rubens zu erkennen.
Schnell die spärliche Habe gepackt. Mit Rucksack, Holzrahmen und Leinwand nach Brüssel.
Nur entkommen, dem Tod aus den Fängen. Der nächste Zug fuhr in Richtung Genua. Eiliger Entschluß – mit ihm in den Süden. In die Sonne. Zu Licht und Leben.
Die Fahrkarte kostete sie alles, was sie an Geld besaßen. Der verzweifelte Sprung gelang: Die Krankheit holte sie nicht ein.

◈

Im Spätherbst kehrte Vogeler nach Düsseldorf zurück. Noch brachte der Nordwest milde Luft. Die Spitzen des Doms verhüllte feiner Dunst. Die trüben Tage, der Nebel – heimatlicher, willkommener Gruß. Sein Inneres erhellten der lange niederländische Sommer, die abenteuerlichen Wochen in Italien.
Vogeler kam allein. Robert und Peter waren nach Paris gegangen. Auch Vogeler verlangte es nach Veränderung. Er zog aus dem Zimmer aus, das ihm die Eltern gemietet hatten, pachtete ein kleines Atelier. Er fühlte sich selbständig, erwachsen, brauchte eine eigene Umgebung dazu. Er wollte arbeiten.
Er wappnete sich mit äußerer Gelassenheit und bat um Wiederaufnahme in die Akademie, wies die reiche Ausbeute der Studien vor: Den Kanal in Sluis, Handwerker bei der Arbeit. Kneipenszenen aus dem Maldegenschen Gasthaus. Zeichnungen mit Fischen, Pflanzen, Hunden und Pferden, Gesichter und Landschaften.
Die Skizzen wurden von Hand zu Hand gereicht, mit Strenge be-

Studie, 1892
aus dem Skizzenbuch

trachtet. Vogeler wußte, sie galt weniger seinen Strichen als seiner Eigenmächtigkeit. Wo führte das hin, wenn sich jeder Student so selbstherrlich beurlauben würde.
Er hatte die Ordnung verletzt.
Strafe blieb nicht aus. Er wurde wieder in die Anfängerklasse gesteckt. Zurück in den staubigen Malsaal. Zurück zu den Gipsmodellen, zu Kreide und Wischer.
Er biß die Zähne zusammen und ertrug es.
Diese Art von Ertragen hatte ihn Robert gelehrt – als eine Möglichkeit zu lernen. Nicht eigene Mängel einem ungeliebten Lehrer, einer veralteten Methode unterschieben. Wenn ihm die verwischte Kontur, das Aufweichen der Form widerstrebe, müsse er herausfinden, warum er selbst den klaren, scharfen Strich bevorzuge. Ohne Trotz daraus das ihm Gemäße formulieren. Widerstand als Erkenntnisgewinn. Vogeler zwang sich, in den Gipsmodellen menschliches Abbild zu sehen.
Es gelang.
Er lernte.
Als Ausgleich gestattete er sich, Vorlesungen zu schwänzen, Anatomiestunden zu versäumen. Er zog – schon liebe Gewohnheit – mit der Staffelei ins Freie, in die Dörfer, dorthin, wo er selber sich lebendig fühlte. Beim Arbeiten vergaß er das Alleinsein.
Er vermißte Robert wie ein Bruder den anderen. Seine Briefe aus Paris konnten das gelassene Nebeneinander, die wortlose Verbundenheit beim Sehen, Aufnehmen, Urteilen nicht ersetzen.
Eine Freundin, die seine Einsamkeit lindern könnte, fand sich nicht.
Die Mädchen, die jungen Frauen, betrachtete er gern. Ihre Art sich zu bewegen, ihr Lächeln, ihre Blicke, die Linien ihrer Körper unter den Kleidern zogen ihn an. Ihre Nähe machte ihn verlegen.
Er empfand sich ungelenk, häßlich. Die leidigen braunen Sprenkel auf Händen, Armen und Gesicht. Fliegenschiet, wie Anna seine Sommersprossen nannte.
Jemand nahm ihn mit in den Kommers. Die Abende dort wurden zur Gewohnheit. Sie glichen sich wie ein Ei dem anderen. Die Mitglieder der studentischen Vereinigung Tatarus, die zukünftigen Maler und Architekten, saßen um einen hufeisenförmigen Tisch. Der Platz in der Mitte der Stirnseite gehörte dem Obmann. Über ihm an der Wand das Wappen, die Trinkhörner und die Glockenschläger. Mit den

Schlägern brachten sie sich in der Mensur gegenseitig Schmisse bei. Ratscher mit der Klinge über Stirn oder Wangen. Ein Mutbeweis für Männer. Für ganze Kerle, auf die das Vaterland zählen durfte.
Und natürlich, trinken mußte man können. Je mehr, desto besser. Je mehr Bier man in sich hineinschüttete, desto näher war das Heldentum. Die Helden torkelten nach Hause. Sie krochen auch. Wo Saufen eine Ehr, war Kotzen keine Schand.
Vogelers letzter Satz, den sein Kopf formulierte, hieß nach den Kommersabenden stets gleich: Mensch, bist du besoffen.
Er nahm sich vor, das Bierlokal zu meiden. Die Gewöhnung zog ihn wieder hin. Die Geselligkeit ersetzte ihm Gemeinsamkeit. Er tat, was alle taten. Er trank, wie alle tranken. Er sang, wie alle sangen: von deutscher Burschenherrlichkeit, daß im Kampfe der Mann noch was wert sei. Und immer wieder, voll Inbrunst auf dem Weg ins Quartier: Die Wacht am Rhein ... Solange ein Tropfen Blut noch glüht, noch eine Faust den Degen führt, und noch ein Arm die Büchse spannt, betritt kein Welscher deinen Strand ...
Vogeler fühlte sich heftig an der Schulter gerissen, herumgedreht. Vor ihm ein eckiges, vierkantiges Gesicht mit hoher Stirn. Ein Bremer. Fritz Overbeck, der große Schweiger. Er schnaufte wütend: Das geht doch gegen die Franzosen, du!
Was, was ist? Vogeler verstand den Sinn seiner Rede nicht, verstand nicht, warum der ihn rüttelte.
Ja, sing nur gegen die Welschen! Immer drauf! Gegen Gauguin, gegen Balzac, gegen Rodin! Gegen Molière! Gegen den Louvre!
Vogelers Ernüchterung war vollkommen. Stumm trottete er neben dem Älteren her. Er wagte nicht, sich zu rechtfertigen. Er brauchte es nicht. Er hatte wieder einen Freund.

◈

Mit Overbeck ließen sich lange Wege gehen, ohne daß sie ein einziges Wort wechselten. Er schritt bedächtig, aufrecht. Oft sah er nach oben, in den Himmel, in die Wolken.
Vogeler schien der Freund viel erfahrener als um die drei Jahre, die er ihm voraus hatte. In seinem Wesen lag etwas beruhigend Beständiges.

Seine breitschultrige Gestalt, die zurückhaltende Art, sich zu kleiden, der sorgfältige Scheitel über der Stirn. Aber das waren nur Attribute.
Er ist nach innen gerichtet, dachte Vogeler, als sie auf der Landstraße nach Duisburg unterwegs waren. Er hat ein Selbst, einen Kern, der sein Eigenes ist.
Ein Automobil fuhr ihnen entgegen. Knatternd zog es vorbei. Es trug das Postzeichen auf der Wagentür. Der Fahrer, in Uniform gekleidet, saß in stolzer Haltung am Steuer.
Vogeler beschleunigte seinen Schritt, um neben dem Freund zu gehen. Meinst du nicht auch, begann er, das Technische wird uns noch wahre Wunder bringen.
Overbeck schwieg.
Vogeler wußte, er hörte trotzdem aufmerksam zu. Manchmal richtete er erst nach Stunden, ja nach Tagen, eine Antwort auf eine Frage, einen hingeworfenen Satz.
Rechterhand, schon fast in ihrem Rücken, lagen die Schornsteine der Düsseldorfer Walzwerke, die Türen der Gießerei. Vogeler wies dorthin: In diesen Hallen entstehen die Titanen der neuen Zeit! Daimlers selbstfahrende Kutsche, Dampfexpresszüge, Hochbahnen. Ballons steigen auf. Nicht nur Lilienthal – die Menschheit wird fliegen lernen! Er lachte. Nach Amerika womöglich!
Du solltest Ingenieur werden, brummte Overbeck. Er blieb stehen, zerrieb die Knospe einer Wegwarte zwischen den Fingern, roch daran.
Vogeler überhörte den leisen Spott: Aber denk doch nur, was der Mensch in den letzten Jahren alles erfahren hat! Die drahtlose Telegrafie, optische Geräte, mit denen man in den Mikrokosmos sehen kann. Das Telefon!
Neben ihnen war ein Rascheln zu hören. Eine Amsel hackte mit kräftigem Schnabel auf den feuchten Boden unter dem Heckengesträuch, sie zog einen Wurm aus der Erde, ließ ihn im Rachen verschwinden. Einen Moment hielt sie inne, beäugte die beiden Menschen. Dann scharrte sie weiter.
Overbeck betrachtete das Tier. Die Erfindungen der Natur, sagte er, scheinen mir noch von niemandem übertroffen. Woher weiß der Vogel, daß dort Nahrung für ihn ist.
Overbeck! Vogeler zwang den Freund, ihn anzusehen: Nicht wegen der Erfindungen …, aber dies ist eine neue Zeit, eine technische. Sie

muß ihren Ausdruck finden! So wie man die Gotik erkennt an einer Einzelheit, einem Bogen zum Beispiel. Oder die Antike, die Renaissance. Fühlst du nicht auch – dies ist eine neue Epoche! Aber wo sind die neuen Bauten, die neuen Bilder ... Die neue Kultur?
Er brach ab, er scheute sich zu sagen, was er innerlich weiterdachte: Daß er die Verpflichtung fühle, um dieser neuen Kunst, die es nirgendwo gab, aber deren Fehlen er fast körperlich spürte, daß er an dieser Kunst mitwirken wolle. Nein: Müsse.
An Overbecks Gesicht ließ sich keine Gedankenregung ablesen. Er schob die Hände in die Taschen seines Überrocks und sah Vogeler an. Du forderst vergeblich; was neu war, erfahren erst die späteren Jahrhunderte.
Während sie schwiegen, überholte sie schnellen Schrittes ein Handwerksbursche. Auf seinem Rücken baumelte, zu einer Rolle zusammengedreht, eine graue Decke.
Vogeler gab sich Mühe, seine Enttäuschung nicht bis in die Stimme vordringen zu lassen: Und du meinst, es ist uns nicht gegeben, das Neue in unserer Zeit zu erkennen?
Wenigen, antwortete einsilbig Overbeck.
Der Handwerksbursche, schon ein gutes Stück entfernt, pfiff, auf sein Marschtempo zugeschnitten, eine Melodie. Wem Gott will rechte Gunst erweisen, den schickt er in die weite Welt ...
Vogeler wies mit dem Kopf auf den Wanderer: So ohne Sorge in den Tag hinein – wie ich den beneide.
Overbeck antwortete nicht. Er ging voran. Vogeler sah auf den breiten, grau betuchten Rücken. Er begreift nicht, was ich meine, dachte er. Vielleicht täuscht die Ahnung, die ich von ihm habe.
Die Sonne stand hinter ihnen. Sie senkte sich langsam. In ihren schrägen Strahlen strich weißer Dunst aus den Niederungen auf. Die Buchen trugen rostrotes Laub. Daneben das tiefe Grün der Erlen. Die leuchtenden Beeren der Eberesche.
Overbeck blieb plötzlich stehen, wies nach oben: Ich möchte einmal einen Himmel malen können, nichts als Himmel, an dem man sieht, daß Oktober ist. Er seufzte und erwartete keine Antwort.

◈

Osterferien in Bremen.
Aus Düsseldorf kommend, schien Vogeler seine Stadt jedesmal betulich.
In den Vorgärten blühten Schneeglöckchen, Krokusse und der zweiblättrige Blaustern. In den Straßen lagerte der Geruch von Tabak und geräuchertem Fisch. Im Schnoor, dem Viertel der kleinen Kaufleute und Handwerker, boten Kinder Frühlingssträuße an. Da es an Grün noch mangelte, banden sie Buchsbaum hinein.
Vogeler genoß die vertrauten Wege, schnupperte den Gerüchen nach. Ein süßlicher war dabei, in der Brauerei wurde Malz geröstet.
Auf dem Markt, zu Füßen des steinernen Roland, hatten fliegende Händler ihre Stände aufgeschlagen. Neben den Buttersorten lagen kleine Löffel zum Probieren. Geputzte Möhren gab es, blankgeriebene Äpfel, Tulpenzwiebeln, geflochtene Weidenkörbe, billiges Tongeschirr, Reisigbesen. Und immer wieder: Eier, Eier, Eier. Weiße, gelbe, bräunliche. Auch bunt gefärbte, mit Speck abgeriebene, von sattem Glanz.
Vogeler betrachtete wohlgefällig, mit heimatlichem Stolz, das Rathaus.
Früher hatte es ihm nicht als etwas Besonderes gegolten. Mit seinem reich geschmückten Giebel, den Figuren zwischen den hohen Fenstern, den Wandelgängen hinter den Säulen schien es ihm seit dem Anbeginn der Welt dort zu stehen. In Düsseldorf hatte er gelernt, daß das Gebäude zu den schönsten Renaissancebauten Norddeutschlands gehörte.
Die Treppen zum Eingang des Rathauses waren mit Brettern belegt. Männer in Arbeitskluft bugsierten Schubkarren mit Körben und Kisten herein.
Vielleicht wurde eine Schaffermahlzeit vorbereitet. Vogelers Vater war schon mehrmals geladen worden. Eine Ehre für jeden wohlhabenden Bürger, wofür man reichlich Geld gab. Der Erlös des Brudermahls wurde für die alten Seefahrer oder deren Witwen gespendet. Nach der Tradition der Segelschiffahrt gab es für alle Gänge nur ein Besteck, das die Gäste zwischendurch mit einem Stück Papier selber reinigen mußten. An jedem Platz lag ein silbernes Tütchen mit Salz, ein goldenes mit Pfeffer, daran erinnernd, daß Gewürze einmal teures Gut wa-

ren. Vielleicht auch, weil sie der Hansestadt zu Reichtum und Ansehen verholfen hatten.
Die Schaffermahlzeit, meist in üppigem Trinkgelage endend, war Männersache. Frauen durften an ihr nicht teilnehmen.
Vogeler schlenderte langsam weiter, dem Wasser zu, an die Weser. Die langen, hängenden Zweige der Weiden schimmerten grünlich. Stockenten paddelten in Ufernähe. Die Erpel trugen schon ihr Hochzeitskleid, der bunte Federschmuck der Köpfe leuchtete.
Ein Dampfschiff zog dem Hafen zu. Es tutete durchdringend. Es war früher Nachmittag. Vogeler wandte sich wieder stadtwärts. Auch Overbeck verbrachte die Feiertage in Bremen, bei seiner Mutter. Vielleicht ließ er sich zu einem Glas Bier überreden.
Overbeck war nicht zu Hause. Die Mutter lud ihn freundlich ein zu warten, der Fritz müsse jeden Moment kommen.
Am Fenster, vor den zurückgezogenen Vorhängen, stand ein Klöppelbrett. Vogeler begutachtete das komplizierte Muster. Die Frau wunderte sich, daß ein junger Mann etwas von dieser Weiberarbeit verstehe. Ich war im Flandrischen, erklärte er. Da sitzen sie im Sommer vor jedem Haus.
Overbecks Mutter kochte Tee. Servierte ihn in feinen Porzellantassen. Sie trank ihn auf ostfriesische Art mit Kluntjes, dicken Stücken Kandiszucker, der knisternd zersprang, wenn der Strahl heißen Tees ihn traf.
Vorsichtig versuchte die Frau, Vogeler nach dem studentischen Leben des Sohnes in der großen Stadt Düsseldorf auszufragen. Und ob da schon was Ernsthaftes mit einem Mädchen sei.
Vogeler lächelte. Seine Mutter hätte bei gleicher Gelegenheit ebenso gefragt.
Jemand polterte die Treppe herauf.
Das ist aber nicht dem Fritz sein Gang, sagte die Frau.
Es wurde heftig geklopft. In der Tür stand Franz, Vogelers jüngerer Bruder. In seinem Gesicht war etwas, was die beiden am Tisch aufstehen ließ.
Hein, keuchte er, ich such dich überall ... Vater!
Was? Was ist mit Vater? Vogeler fühlte, daß seine Knie zitterten. Er fiel zurück auf den Stuhl. Du sollst kommen. Ein Schlaganfall ... Doktor Fuchsberger ...

Sie liefen durch die Stadt, vorbei an Passanten, Pferden, Droschken. Nein, nein, nein, hämmerte es in Vogelers Kopf. Das einzige Wort, das er denken konnte.
Sie rissen die Tür zur großen Diele auf. Im Innern des Hauses war es ganz still. Sie blieben stehen. Nichts regte sich. Kein Laut. Nach einer Ewigkeit, in der Vogeler weder denken noch fühlen, noch wahrnehmen konnte, stand Anna in der Tür. Sie legte ihre Arme um Vogelers Schultern und weinte.
Er wehrte sie ab. Er wollte allein sein. Niemand sehen. In sein Zimmer. In sein Bett.
Anna hielt ihn zurück. Ihr Gesicht war verschwollen. Die Lider dick und rot. Du mußt zur Mutter gehen, schluchzte sie. Du bist der Älteste. Jetzt muß die Familie zusammenhalten.
Sie schickte Franz zu den jüngeren Geschwistern und führte Vogeler zur Mutter.
In ihrem blauen, hochgeschlossenen Kleid saß sie reglos am Flügel im Wohnzimmer.
Vogeler war sich nicht sicher, ob sie sein Eintreten bemerkt hatte.
Mutter, sagte er heiser.
Sie schien ihn nicht zu hören. Ganz aufrecht, mit zusammengelegten Händen saß sie da. Ihr Blick war auf nichts gerichtet.
Mutter, sagte er noch einmal, bittend.
Nach einer langen Weile hob sie mühsam die Lider und sah zu ihm. Ohne Ausdruck, mit einer Spur von Verwundern, als stehe ein Fremder vor ihr.
Vogeler ging leise, wie um die Mutter nicht zu wecken, aus dem Raum. Er stürzte die Treppe nach oben und schloß sich in seinem Zimmer ein.
Den Vater sah er erst am nächsten Morgen, als er im Sarg auf der Diele aufgebahrt lag. Es war der erste Tote, bei dem er stand. Das Kinn des Leichnams war mit einem feinen Tuch festgebunden.
Das ist der ewige Schlaf, wiederholte Vogelers Kopf einen Satz von Anna.
Der Vater schien unverändert, nur von zu lebendiger Farbe. Beim Nähertreten sah Vogeler, das Gesicht war geschminkt. Die linke Hälfte hatte sich um ein winziges nach unten verzogen. Das Auge blieb einen Spalt offen.

Vogeler zwang sich, den Toten anzusehen, sein Bild in sich aufzunehmen. Weil er ihn nie wieder betrachten würde, und weil ein Maler jeden Anblick ertragen muß. Wie Overbeck sagte: Das Höchste und das Tiefste.
Nicht die Beerdigung, vor der sich Vogeler gefürchtet hatte, vor den Tränen, den ungefügen Worten, der Anwesenheit der fremden Menschen, die ihn nichts angingen, war das Schlimmste. Es kam erst Tage später, als die Starre sich langsam löste, man wie immer essen, trinken, schlafen mußte. Als ins Bewußtsein drang, daß es keine Möglichkeit gab, zu Früherem zurückzukehren.
Der Tod war endgültig. Ewig. Für immer.
Die Mutter bat Vogeler, den Schreibtisch des Vaters aufzuräumen. Mit schlechtem Gewissen nahm er die Dinge in die Hand, die er nie berühren durfte.
Er fand ein sorgsam verschnürtes Päckchen. Die Briefe der Mutter aus ihrer Verlobungszeit. Obenauf ein Stengel getrockneten Heidekrauts.
Er hielt es unschlüssig in der Hand. Merkte, daß ihm Tränen aus den Augen liefen.
Den Kleiderschrank räumte er mit Annas Hilfe aus. An den Anzügen hing noch der Geruch des Vaters. Anna zurrte einen großen, verschließbaren Korb ins Zimmer. Tat die Kleider hinein, legte Bündel von Lavendel zwischen die Kleider. Dabei weinte sie unablässig.
Zwei Tage nach Ostern stand Overbeck in der Tür.
Komm, sagte er. Du mußt raus.
Sie gingen an der Weser entlang. Dankbar atmete Vogeler die frische, feuchte Luft. Ihm war, als habe er selber eine dunkle Gruft verlassen. In den Bäumen und Büschen am Flußufer probierten Meisen ihr Frühlingslied. Finken schlugen zaghaft.
Lange gingen sie schweigend. Vogeler empfand dankbar die Nähe des Freundes. Er hatte seinen Vater schon als Kind verloren. Overbeck blieb stehen, zündete sich eine Pfeife an. Als sie brannte, zog er tief den Rauch ein. Das muß jeder lernen, sagte er schließlich. Daß wir nur kurze Zeit haben. Daß es niemals eine Umkehr gibt. Daß man zu nichts zurückkehren kann. Das ist nicht schlimm. Es ist so, verstehst du?
Vogeler nickte. Aber ich kann es nicht ertragen, dachte er, ich nicht. Ich bin nicht Overbeck. Ich bin schwach.

Overbeck stieß ihn an: Du, siehst du?
Aus dem dunstigen Himmel waren in kurzen, regelmäßigen Abständen Vogelstimmen zu hören. In Keilen fliegend, zogen Hunderte von Wildgänsen über sie hin.

◈

Das einzige Fenster in Roberts Pariser Zimmer war eine Dachluke. Vogeler stellte sich unter ihr auf einen Schemel und hielt den Kopf nach draußen. Er sah rechterhand den Eiffelturm, die Sensation der Weltausstellung. Noch jetzt, nach Jahren, zog der Bau Tausende von Besuchern an.
Vogeler atmete tief ein und stieg vom Hocker: Du hast es gut, sagte er. Paris – mit Blick auf Eiffelturm! Was ist dagegen Düsseldorf!
Robert lachte: Das seh ich doch gar nicht mehr. Da geh ich dran vorbei wie an einem alten Regenschirm.
Er zog den Korken aus der Weinflasche, Vogelers Mitbringsel. Kopfschüttelnd las Robert das Etikett. So viel Geld für Wein! Ich hol ihn mir mit der Wasserkanne aus dem Café an der Ecke. Da krieg ich für denselben Preis das Vierfache.
Vogeler nestelte den Binder vom Kragen, hing ihn über die Stuhllehne. Laß mich. Ich spiel für eine Woche den reichen Mann. Meine Mutter hat mir nach den Prüfungen den Umschlag in die Hand gedrückt und gesagt, ich soll mir was Gutes tun. Und das Beste ist eben, mit Robert in Paris teuren Wein zu trinken ...
Robert schenkte ein, zündete drei Kerzen an, stellte eine auf die Kommode mit der Waschschüssel, eine auf den Schemel, eine auf das Tischchen zwischen ihnen.
Die tranken sich zu.
Und deine Mutter? fragte Robert.
Sie hat viel Arbeit, das hilft. Meine beiden Schwestern sind da ... Wir haben die Firma verkauft. Die Brüder zieht es auch nicht zum Kaufmännischen. Na, und ich – du siehst ja, ich schmeiß das Geld lieber zum Fenster raus.
Vom meterlangen Weißbrot, das auf dem Tischchen lag, bröckelte Robert ein Stück ab, knetete es zwischen den Fingern.

Und du willst jetzt richtig arbeiten, fragte er.
Vogeler sah in das nachdenkliche, vom Kerzenlicht weich gezeichnete Gesicht des Freundes. Ja, ich will und ich muß. Mutter mag ich nicht länger auf der Tasche liegen. Außerdem muß ich wissen, ob es etwas wird mit mir oder –
Er brach ab.
Robert betrachtete seine Fingernägel. Erinnerst du dich an die älteste Maldegensche Tochter?
Die mit dem schwarzen Haar?
Ja, es wuchs ihr mit einer Spitze in die Stirn. Wie oft habe ich versucht, diesen Haaransatz zu zeichnen, zu malen. Es gelingt mir nicht.
Er schwieg lange. Unvermittelt lachte er: Ja, siehst du, und solange ich diese Spitze nicht malen kann, muß ich eben weiter studieren! Und wenn es noch fünf Jahre dauert.
Er seufzte: Nur mein alter Herr läßt sich immer schwerer von dieser Notwendigkeit überzeugen.
Er füllte die Gläser. Über der Fensterluke erschien der Mond, eine rötliche Sichel.
Weißt du, warum ich den Wein gekauft habe? Vogeler lehnte sich vor, stützte die Ellbogen auf. Weil ich heute etwas begriffen habe. Im Louvre. Kennst du den Geschlachteten Ochsen?
Von Rembrandt? Robert nickte.
Ich habe noch vor keinem Bild so gestanden wie vor diesem. Ich würde es dir gern erklären … Es ist nichts weiter als totes Fleisch und dieser kleine Frauenkopf, der um die Ecke guckt. Und ich seh, was für ein wundervolles, kräftiges Tier das gewesen ist im Leben. Daß der Schlachter sein Handwerk verstand. Er hat dem Ochsen einen sauberen Tod gegeben, ohne Qual … Ich muß keine Trauer oder Scham empfinden, daß wir Menschen Tiere schlachten. Ich kann eine Festtafel sehen, Menschen, Licht.
Aber was mich erschüttert – es kommt alles aus der Farbe. Diese Wucht – und dies Innerste, Feine. Das kleine Viereck ist mehr lebendige Seele als –
Er brach ab. Eine Kerzenflamme knisterte.
Und was hast du begriffen?
Vogeler zögerte mit der Antwort. Daß man es so können muß. Sonst hat man kein Recht, sich Maler zu nennen.

Robert drehte sein leeres Glas in der Hand. Ach, Heinrich, du bist eben ein nordisch ernsthafter Mensch. Ich freue mich, wenn mir irgendein Reisender ein Erinnerungsbildchen abkauft, damit ich was zum Leben habe ... Er lachte. Wir beiden werden nie im Louvre hängen! Wozu auch. Laß uns lieber unser Wiedersehen feiern! Ich zeig dir mein Café.

Sie löschten die Kerzen, hingen sich die Jacken über die Schultern, stiegen die vielen Stufen nach unten.

Trotz der späten Abendstunde waren die Straßen belebt. Pärchen schlenderten durch die Straßen, die Arme umeinander verschränkt, sich im Gehen küssend. Vier junge Mädchen in hellen Kleidern gingen vorüber. Sie sangen leise. Eine warf Vogeler einen freien, offenen Blick zu. Genau in die Augen.

Er erschrak für einen Moment und merkte dann beglückt, daß er jetzt nichts weiter wollte, als teilhaben an diesem Frühlingsabend. Einer der flanierenden, lächelnden Menschen sein. Ein freundlich aufgenommener Gast unter dem Himmel der großen Stadt Paris.

◈

Alle Räume im Haus der Elten hatten sich seit dem Tod des Vaters durch Umräumen verändert. Nur Vogelers Zimmer blieb wie es gewesen, blieb besänftigende Zuflucht. Wenn er nach langen Abwesenheiten die Tür öffnete, fühlte er sich erwartet, geborgen. Er kannte jeden Ast des alten Birnbaums vor dem Fenster. An heißen Tagen beschattete das Laub wohltuend das kleine Zimmer.

Vogeler lag auf dem Bett und sah nach draußen. Ein Kleiber bewegte sich kopfunter am Stamm entlang. Er hackte auf die Rinde ein. Manchmal hielt er sichernd still. Augenstrich und Nackenbeuge bildeten eine schöne Linie.

Das Fenster stand offen. Ob er mich sieht, fragte sich Vogeler. Bei seiner Augenstellung müßte er viel mehr wahrnehmen als der menschliche Blick. Vielleicht erscheint ihm die Welt wie die innere Wand einer Kugel, voller Kugeln, Kreise, Blasen ...

Er fühlte sich in einen Traum gleiten. Eine rote Fläche drängte sich zusammen, konzentrierte sich auf einen Punkt. Aus dem Punkt wuchs eine Blüte unbekannter Art. Ranken und Blätter quollen, verdeckten die Blüten. In das Blattwerk kam Bewegung. Er war jetzt selber in dem Grün, war unter Wasser, auf dem Boden des Meeres. Das Wasser schmeichelte der Haut. Er wurde leicht, er schwebte, glitt an rosigen Seeanemonen vorbei, an Korallen, Krebsen. Schwärme silbriger Fische begleiteten ihn. Ihre Schuppen schillerten. Unzählige winzige Regenbögen. Bisweilen berührten sie seinen Körper. Kühl und zart. Die Fische verschwanden, er war allein, nur Gräser wuchsen, das Licht färbte sich bläulich. Er sah nach oben. Der Ansatz einer weiblichen Brust, ein Arm, der winkte. Galt es ihm? War es tänzerische Pose? Eine Welle nahte, alle Gräser und Pflanzen folgten ihrem Kreisen, auch der Frauenarm, er selbst, alles schwang, bog, wiegte sich. Über dem satten, leuchtenden Grün entstand eine Kugel. Die Meeressonne vielleicht. Er strebte auf sie zu, auf das Licht, auf den schmiegsamen Frauenarm …

Es klopfte.

Nein, willst du nicht kommen, wir warten. Annas Stimme.

Der Kaffeetisch im Garten unter den Obstbäumen. Das weiße Tuch hing bis auf den Boden. Auf den hölzernen Gartenstühlen lagen Kissen. Anna trug das blauverzierte Zwiebelmuster-Service auf. Eine Kirschtorte und ein Erdbeerkuchen bildeten den Mittelpunkt der Tafel. Die Geschwister, eine ältere Frau aus der Nachbarschaft, die Mutter sahen Vogeler entgegen.

Er strich sich über die Schläfen. Ich war ein bißchen eingenickt.

Anna goß Kaffee ein. Man sprach über das Wetter, die Heumahd. Die Nachbarin erzählte von ihrem Neffen, der nach Amerika ausgewandert war. Er betrieb dort einen kleinen Schnapsladen. In dem kleinen Ort lebten jetzt vier Söhne von Moorbauern aus der Bremer Gegend. Wenn sie sich trafen, sprachen sie das heimatliche Platt.

Vogeler betrachtete seine Mutter. Sie hörte der Nachbarin zu, manchmal lächelte sie. Anscheinend ganz in das Gespräch vertieft, verfolgte sie mit den Augen, ob Anna rechtzeitig nachschenkte, ob jeder ein Stück Kuchen auf seinem Teller hatte, ob die jüngeren Schwestern manierlich aßen. Seit dem Tod des Vaters hatten sich die beiden Falten um ihren Mundwinkel vertieft. Manchmal saß sie lange schweigend. Etwas Festes, Bestimmtes war in ihr Wesen gekommen. Sie ent-

schied und beschloß selbständig. Was früher dem Vater oblag, übernahm sie wie langjährige Gewohnheit.
Er sah seine Mutter zum ersten Mal mit Bewußtheit als Frau. Eine Frau von reifer, nicht gefälliger Schönheit. Das blonde Haar trug sie in der Mitte gescheitelt. Die hohe Stirn. Breite Wangenknochen, wie viele Norddeutsche. Die goldene rubinbesetzte Brosche, ein Familienerbstück, verschloß den Stehkragen der dunklen Bluse. Die Hände waren ohne Schmuck. Er störte bei der Arbeit.
Die Mutter bemerkte Vogelers Blick und nickte ihm kaum merklich zu. Auch sie betrachtete ihn oft. Er wußte, daß sie sich seit seiner Lungenkrankheit stets Sorgen um ihn machte.
Als die Nachbarin sich verabschiedet hatte, ließ sich die Mutter von Anna eine Schere bringen. Sie suchte im Rondell vor der Laube Teerosen für ihr Zimmer aus. Sträuße zu schneiden überließ sie selten Anna, die jede Blüte für gleich schön hielt. Die Mutter wählte lange, betrachtete die Stengel von allen Seiten.
Vogeler folgte ihr, sah ihr schweigend zu.
Sie schnitt vorsichtig einen Stiel ab, befreite ihn von den unteren Stacheln und Blättern. Prüfend hielt sie die Knospe zum Licht. Na, Junge, sagte sie, hast du was auf dem Herzen?
Mutter, ich muß dir was ... Er verstummte.
Na, rede. Den Kopf wird's nicht gleich kosten.
Er wagte nicht, sie anzusehen. Er scharrte mit der Fußspitze im lockeren, braunen Boden.
Der Fritz Overbeck wohnt jetzt in Worpswede, begann er leise. Da würd ich auch gern hin. Ist ja nicht weit von hier ... Und ich hätte jemand, der auch ...
Sie antwortete nicht, schnitt eine weitere gelbe Blüte ab, ordnete sie der ersten zu, dann sah sie ihn an: Weiß ich doch lange, daß du hier nicht wirst bleiben können! Muß sich jeder allein frei schwimmen. Du auch.
Vogeler ging auf die Mutter zu und umarmte sie. Seit seiner Kindheit hatte er das nicht mehr getan.
Sie strich sich die Haare glatt: Wann soll's denn losgehen? Und eine Bleibe, hast du die?
Er zupfte an seiner Manschette, richtete den Knopf: Ich brauch ja nicht viel, und warm ist es auch noch ... Der Fritz wird mir schon hel-

Storch überm Weiher, 1899
Radierung

fen, daß ich ein Dach übern Kopf kriege. Er stockte: Morgen früh wollte ich los.
Sie langte mit der Schere nach der dritten Rose. Dann laß dir von Anna die Wäsche zusammenlegen, sagte sie sachlich.

◈

Neben dem frischen, grünen Schilfrohr am Grabenrand, das gerade Kolben angesetzt hatte, ragten noch gelbliche, vorjährige Stengel. Ein Storch kreiste über Vogeler. Seine Gegenwart störte wohl das Tier, in dem feuchten Gelände zu landen, um sich einen Frosch oder anderes Kleinzeug zu suchen.
Vogeler saß seit Stunden mit dem Skizzenbuch auf den Knien. Die Seiten füllten sich mit Studien von Gräsern, Hahnenfuß, Rohrstengeln, mit dem Flugbild des Storches.
Tach ok, junger Mann!
Hinter ihm stand der alte Belz, der als Brennmeister in der Ziegelei arbeitete. Er stammte aus Thüringen. In über zwanzig Jahren im Moor hatte er nur das Notwendigste in Platt zu sagen gelernt, der einzigen Sprache, die den meisten Bauern zur Verfügung stand. Vogeler wußte, Belz war froh, wenn er mit jemandem ein paar Worte Hochdeutsch wechseln konnte.
Tag, Meister Belz, antwortete er. Feierabend?
Belz nickte und drückte die rechte Hand gegen die Brust. Er litt an Lungentuberkulose. Vorsichtig versuchte er, in das Skizzenheft zu spähen.
Ach, das sind nur Fingerübungen, Pusselarbeit, sagte Vogeler und legte den Stift beiseite.
Sie haben wohl noch gar keinen Hunger aufs Abendbrot? Belz schien sich auf einen längeren Schwatz einzurichten.
Vogeler lachte und wies auf die Blättchen, die er ausgezupft und in seine Mütze gelegt hatte: Ich kau ab und zu ein bißchen Sauerampfer. Das ist gesund und macht frisch.
Wenn Sie's nicht verschmähen, Herr Vogeler, ein paar Bratkartoffeln würde uns die Meta schon machen. Einfache Kost ... Aber Hunger treibt's rein, wie ich immer sage.

Im Mai, 1897
Radierung

Vogeler stand auf. Danke, Meister Belz. Ich nehm gerne an. Ist allemal näher als zum Gasthaus.
Das Häuschen, das Belz mit seiner Frau bewohnte, lag am Hang des Weyerberges, der einzigen größeren Erhebung der Umgebung.
Mit zwiespältigem Gefühl ging Vogeler neben dem alten Mann, dessen kleinen Wohnsitz er oft mit heimlichem Gefallen betrachtete. Im Hintergrund standen zwei mächtige, alte Kastanienbäume. Das Haus, mit Stroh gedeckt, war über und über mit Moos bewachsen. Vom Hang, auf dem das Grundstück lag, hatte man einen schönen Blick über die Heide.
Vogeler hätte das Häuschen gern besessen. Sein Anteil am väterlichen Erbe gestattete ihm den Kauf, aber er fürchtete, den Alten zu fragen. Vielleicht würde es dem kranken Mann bedeuten, ihn schon zu den Toten zu zählen.
Das Anwesen lag verwahrlost. Nur ein winziger Teil wurde bearbeitet, Kartoffeln angebaut und ein paar Zwiebeln.
Auch dem Innern des Hauses sah man die Armut an. Es gab keinen Schornstein, auf der Mitte der Diele brannte offenes Feuer. Rechts in der Buchte lag ein mageres Schwein, links waren zwei Ziegen angebunden. Hühner gackerten.
Der Qualm trieb Vogeler die Tränen in die Augen; auch schien Meta Belz nicht allzu erfreut über den unerwarteten Gast.
Vielleicht warten wir draußen auf das Abendbrot, schlug Vogeler vor. Ich könnte die Hühner zeichnen.
Sie setzten sich auf die Holzbank nahe dem Eingang.
Belz sah interessiert den Linien zu, die Vogeler zog. Vor ihnen im Sand gackerten, scharrten und plusterten sich Hühner einer schweren Rasse mit dicken, bräunlichen Federn.
Meine Hühner sollen aufs Gemälde, fragte Belz skeptisch. In Öl? Ach nein, ein Gemälde wird das nicht. Das sind nur Studien, Versuche. Ich bin ja gerade erst von der Akademie. Ganz am Anfang, da hab ich viel zu lernen ...
Belz schwieg. Ab und zu legte er sich die Hand auf die Brust.
Vogeler zeichnete vier Hühner auf das Blatt, die Umrisse. Nur bei einem deutete er mit sparsamen Strichen das Federkleid an. Die Sonne stand tief. Selbst das blasse Gesicht von Belz bekam einen rosigen Schimmer. Vogeler legte die Zeichnung beiseite und reckte

Umrißstudien, um 1903

sich. Schön ist es hier. Wie im Märchen. Man könnte meinen, jeden Moment kommt der Froschkönig angequakt und neben ihm eine Heideprinzessin.
Belz lächelte. Das denken Sie, weil sie jung sind. In der Stadt ist es doch ein besseres Leben.
Aber nein! Vogeler ereiferte sich. Gerade hier ist es schön. In der Natur! Die Birken, das frische Grün überall, der blanke Himmel ...
Mit der flachen Hand massierte der alte Mann sich die Herzgegend. Er sah Vogeler nicht an: Ich hab mich schon oft gefragt, was die Maler an dieser öden Gegend finden mögen. Wenn's wenigstens ein paar Berge hätte ... Er wies nach vorn: Alles platt. Und in der Stadt gibt es doch für junge Leute ganz andere Abwechslungen. Wenn man auf der Akademie studiert hat – und dann in solche Kuhgegend ...
Essen! rief Meta Belz aus dem Innern des Hauses.
Die Männer standen auf, Vogeler sammelte seine Utensilien zusammen. Gerade wegen der Akademie sind wir hier, sagte er. In der Stadt ist alles staubig, eilig. Einer rennt am andern vorbei. Aber hier – man lebt ganz anders zusammen. Morgens bin ich angelangt, und abends hatte ich schon mein Quartier.
Als ich herkam, kannte ich nur den Overbeck, von Düsseldorf. Jetzt gibt mir Hans am Ende Unterricht im Kupferstich und Mackensen sorgt, daß ich richtig malen lerne. Einfach so, aus Freundlichkeit. Das trifft man selten in der Stadt.
Es drängte Vogeler, die Worte zu sagen, die ihm den ganzen Tag erhellt hatten: Morgen darf ich die Jüngste von Witwe Schröder malen, die Martha. Mackensen wohnt bei Ihnen zur Miete. Er hat es besprochen.
Der alte Belz nahm die Mitteilung ohne besondere Aufmerksamkeit hin.
Auf dem hölzernen, blankgescheuerten Tisch standen drei Teller, drei blecherne Gabeln daneben. Im Tiegel brutzelten auf Speck Spiegeleier. Über die gelbe irdene Schüssel mit den Bratkartoffeln streute Meta als Gewürz braunen Gerstenkaffee.

Der Baum, der die frühen Äpfel trug, war alt. Des Ertrages wegen hätte er längst durch einen jungen ersetzt werden müssen, aber die Töchter und Söhne, jetzt erwachsen, liebten ihn seit Kindheit an, so blieb er stehen. Einer seiner Äste wuchs drei Handbreit lang als glatte Gerade. Irgendwer, vielleicht der Vater, hatte vor Jahren ein Brettchen darauf genagelt. Es diente den Kindern als sommerlicher, erhöhter Sitz. Manchmal als Versteck.

Unter diesem Baum saß Martha Schröder am frühen Nachmittag des Augusttages auf einem Stuhl und ließ sich, wie es die Mutter versprochen hatte, von Vogeler zeichnen. In ruhiger, ungekünstelter Haltung, die Rechte auf den Knien, die linke Hand leicht auf die andere Seite gelegt, hielt sie seit fast einer halben Stunde still und regte sich nicht. Vogeler sagte, sie könne sich bewegen, es störe ihn nicht. Sie schüttelte kaum merkbar den Kopf, blieb ruhig sitzen.

Scheinbar sah sie auf das Gras vor sich, aber ihr Blick war nach innen gerichtet, als denke sie nach.

Vogelers zuerst muntere, dann beinahe bittende Versuche, das Mädchen in ein Gespräch zu ziehen, waren gescheitert. Sie sagte einfach: Ich möchte jetzt nicht reden. Und schwieg.

Auch seine erste Begegnung mit dem Mädchen war ohne Worte geblieben.

An einem der ersten Tage in Worpswede, der Ankömmling unter Overbecks Schutz, wurde er von der Schar der anderen Maler in Gesprächen, Besuchen, Ausflügen begutachtet. Sie waren durch die Heide gezogen. Man ulkte und gab sich betont fröhlich.

Selbst der schweigsame Overbeck blödelte und zitierte Verse, einfältige Gesinnung verspottend. Es wurde laut und viel gelacht. Ohne vorher eine Annäherung, ein Geräusch vernommen zu haben, sah Vogeler plötzlich die Mädchen vor sich. Das eine ein Kind, die andere mochte fünfzehn, sechzehn sein. Sie war schlank, groß, das üppige blonde Haar zu Zöpfen geflochten. Ein ernstes Gesicht mit ebenmäßigen, kräftigschönen Zügen.

Vogeler betrachtete das Mädchen wie eine Erscheinung, ein Geisterwesen. Zu dem Unwirklichen ihrer Gegenwart trug bei, daß sie eine zahme Elster auf der Hand trug.

Als Mackensen sie rief, kam das Mädchen, ohne sich zu zieren, und setzte sich eine Weile neben den Maler. Dann stand sie auf und ging

mit der jüngeren Gefährtin auf das Dorf zu, die Elster behutsam vor sich hertragend.
Die Jüngste der Lehrerswitwe Schröder, erfuhr Vogeler. Mackensen war bei ihnen Logigast.
Vogeler wußte, noch nie hatte er die Gegenwart eines Menschen so beglückend und gleichermaßen wehmütig empfunden. Weder die eines Mannes noch die einer Frau. Anna nicht. Die Mutter nicht.
Er sonderte sich von den anderen ab und ging in sein Dachzimmer, das er gemietet hatte. Er mußte mit sich allein sein, damit ihm das Bild des Mädchens erhalten blieb. Mit feinen Strichen versuchte er, ihr Profil zu skizzieren.
Abends ging er nicht in den Gasthof, in dem man sich gewöhnlich traf. Er wollte sich den kostbaren Eindruck erhalten, daß er den Menschen gesehen hatte, den ihm das Schicksal zur Ergänzung seines Selbst vorgeführt hatte. Vertraut schien sie ihm, wie seit langem bekannt, aber auch aufregend fremd, wie von einem anderen Stern hierher geschickt. Zu ihm.
Er konnte lange nicht einschlafen, malte sich künftige Begegnungen aus. Daß sie im selben Ort wohnten, in verläßlicher Nähe, war ein unverdientes Geschenk. Er würde zu ihr gehen, sagen: Du. Martha!
Sie würde ihn ansehen, ihm in die Augen, würde gleich ihm erkennen, daß sie für einander bestimmt waren und antworten: Ja, Heinrich.
Dann nähmen sie einander an die Hand und gingen. Gehen mußten sie, denn ihre Begegnung war Bewegung, sie gingen in die Welt, und die Welt, groß und herrlich, kam auf sie zu.
Vogeler suchte in den nächsten Tagen Vorwände, um Mackensen zu besuchen. Er traf ihn meist im Obstgarten hinter dem Schröderschen Haus. Das Wetter war gleichbleibend warm und sonnig, so blieb man auf den Stühlen um den Gartentisch sitzen. Manchmal ging Martha vorbei. Sie grüßte, aber Vogeler fühlte, daß sie ihn nicht wahrnahm. Er brachte kaum einen Gegengruß heraus.
Sein Innerstes, das was vielleicht Seele hieß, das Ureigene, Unverfälschte, das sich weder betrügen noch betäuben ließ, das, was er *das Wahre* nannte, krümmte sich und zitterte.
Er litt nach der Gegenwart des Mädchens.
Tagsüber streifte er durch die Gegend. Malte, zeichnete. Aus den Blättern, Bäumen, Tieren, die er sah, wurden Wesen, die in ihrem

Frühling, 1896
Radierung und Aquatinta

Äußeren Huflattich, Graureiher oder Weiden blieben, deren wirkliches Dasein aber in Sehnsucht bestand. Der Sehnsucht nach Martha.
Sie bestimmte seine Träume. Er sprach mit ihr, er ging mit ihr. Wenn er aufwachte, fühlte er sich bitterlich betrogen.
In manchen Träumen begehrte er ihren Körper. Verzweifelt versuchte er, diese Vorstellungen aus seinem Bewußtsein zu verbannen. Sie ist ein Kind. Ein Kind. Sie ist noch ganz im Werden.
Der Traum unter Wasser wiederholte sich. Deutlich sah er die weibliche Brust als Marthas. Nie gelang es ihm, den Arm, der ihm winkte, zu fassen.
Er meinte, den Verstand zu verlieren. Voller Haß betrachtete er im Spiegel sein schmales, sommersprossiges Gesicht. Schönheit, selbst Ebenmaß, konnte er nicht entdecken.
Eines Abends, nach einigen Gläsern Wein im Gasthof, vertraute er sich auf dem Heimweg Mackensen an. Daß er die fixe Idee habe, Witwe Schröders Jüngste zu malen. Ob der Kollege vermitteln könne.
Das war vor drei Tagen. Jetzt saß Martha vor ihm, gleichmütig, ruhig und rührte sich nicht.
Die angespannte Arbeit besänftigte ihn. Wenn es ihm gelang, zu malen, zu zeichnen, daß er das Wesen des Mädchens einfing, dann hatte er sie selbst. Vielleicht lernte er so wieder leben, ohne daß ihn jeder Tag zerriß.
Martha beugte sich vor, stützte die Ellenbogen auf die Knie, legte den Kopf in die Hände.
Schnell nahm er ein neues Blatt, um die veränderte Haltung festzuhalten. Marthas Gesicht war jetzt verdeckt, der Kranz der blonden Zöpfe ihm zugewandt. Nacken und Rückenwirbel bildeten eine Linie, die ihn entzückte.

◈

Im Herbst, nach den ersten schweren Weststürmen, starb Brennmeister Belz.
Meta, die ihr Leben lang trank, wenn Geld oder Schnaps greifbar waren, verbrachte die Abende im Gasthaus. Sie schüttete den Alkohol in sich hinein, bis sie an nichts mehr denken mußte. Ihren Rausch

schlief sie in den Ställen und Scheunen der Moorbauern aus. Das leere eigene Haus, aus dem der Tote fortgetragen war, schien sie zu entsetzen. Sie betrat es nicht mehr.
Wenn das Vieh vor Hunger schrie, gingen die Nachbarn und warfen ihm vor, was sie an mageren Vorräten fanden.
Drei Wochen nach der Beerdigung traute sich Vogeler, Meta anzusprechen, ob sie Haus und Land verkaufen wolle. Nach einer Wohnung für sie hatte er sich umgesehen. Er bot ihr das gesamte Geld, das er besaß, seinen Anteil am väterlichen Erbe.
Meta schien zum zweitenmal, daß das Schicksal sie narrte. Noch nie im Leben hatte sie soviel Geld besessen. Noch nie hatte sie essen, trinken, wohnen dürfen, ohne jeden Groschen mühsam zu errackern. Sie nahm so dankbar den Vorschlag an, daß Vogelers Gewissen schwieg.
Es war schön, ein eigenes Haus zu haben, auch in Gestalt einer verfallenden, strohgedeckten Bauernhütte, aber eigentlich brauchte er keines. Noch genügten der Himmel über ihm und die gemietete kleine Kammer. Für Martha genügte das nicht.
Sie sollte ein Haus, ein richtiges Zuhause haben.
Diese Art Träume war kühn. Vogeler wußte es.
Vertrauteste Annäherung waren zwei, drei Spaziergänge in die Nachbardörfer zu Verwandten Marthas, bei denen sie seine Begleitung zuließ. Erfreut über seine Nähe zeigte sie sich nicht. Er fühlte sich geduldet. Sie brauchte ihn nicht, zeigte keine Furcht, selbst wenn es spät wurde und der Heimweg schon im Dunkeln lag. Die Gegend war ihr von klein auf vertraut wie der Schrödersche Garten hinter dem Haus. Vogeler sah mit Freude, daß sie sich mit allem, was in Moor und Heide wuchs, auskannte wie ein Kräuterweiblein. Spitzwegerich gegen Husten und Leberleiden, die gekaute Wurzel gegen Zahnschmerzen. Tee aus Klettenblatt gegen Magengeschwüre. Rainfarn gegen Krämpfe.
Er stellte sich unwissend und ließ sich gern belehren.
Als Martha erfuhr, daß Vogeler das Belzsche Häuschen und das Grundstück gekauft hatte, mied sie ihn. Selbst von Mackensen ließ sie sich nicht mehr überreden, für Vogeler Modell zu stehen. Ihr angefangenes Bild blieb unvollendet. Er sah sie nicht mehr.
Overbeck, dem Vogelers Neigung nicht verborgen geblieben war, kam abends auf einen Tee. Er versuchte, den Freund zu beruhigen. Wie

immer, wenn er über eine schwierige Angelegenheit reden wollte, schwieg er lange und hüllte sich in Rauchschwaden aus seiner Pfeife. Minutenlang betrachtete er Marthas Bild auf der Leinwand.
Im Moor, in dieser rauhen Gegend, wird man schnell erwachsen, sagte Overbeck. Aber vergiß nicht, eigentlich ist sie ein Kind. Denk dir deine Schwestern an ihre Stelle. Würdest du wollen, daß sie so jung eine Entscheidung für ihr ganzes Leben treffen?
Er ging näher an die Staffelei, tippte kurz mit dem Finger an eine grüne Farbstelle. Außerdem – in ihren Augen bist du ein reicher Mann, und sie ist arm. Wenn die Mutter nicht so außergewöhnlich tüchtig und klug wäre, könnten sie in Lumpen gehen. Dreizehn Kinder! Und der Mann früh gestorben.
Vogeler hängte ein Tuch über das unfertige Bild. Marthas Gesicht quälte ihn.
Mich schert nicht, ob sie Geld hat oder keines, sagte er bitter. Ihr Wesen zieht mich an. Ihre Schönheit. Ja, ich sage es dir: Ihre edle Seele – und jetzt kannst du lachen!
Overbeck seufzte: Für das Mädchen sieht die Welt anders aus als für dich. Du bist deine Wege in Lederstiefeln gegangen und sie in Holzpantoffeln. Da erfährt man dasselbe auf unterschiedliche Art.
In Overbecks Stimme lag ein Besserwissen, ein Ton, der Vogeler ärgerlich werden ließ. Overbeck verstand die Dinge so zu wenden, daß stets er es war, der recht behielt.
Reich! Daß das Haus kein Strohdach mehr hat, sondern Ziegel, daß ich wenigstens einen Ofen heizen kann, damit ich halbwegs warm über den Winter komme, dazu hat mir meine Mutter verholfen. Er sah Overbeck wütend an: Und wofür der Aufwand? Für mich etwa? Es ist alles für sie, verstehst du das nicht?
Overbeck klopfte seine Pfeife an der Schuhsohle aus: Ob ich das verstehe, ist nicht wichtig. Aber sie … Sicher denkt sie, du richtest dich hier ein und holst dir dann eine reiche, gebildete Frau aus der Stadt.
Vogeler antwortete nicht. Als Overbeck gegangen war, nahm er das unfertige Bild von der Staffelei und stellte es mit der Vorderseite gegen die Zimmerwand.

◆

Des Künstlers altes Haus in Worpswede, vor 1897
Gemälde

Eingeborene auf Ceylon, 1906
Mischtechnik

Familie Vogeler auf dem Weiherberg, 1906/07
Mischtechnik

Jorinde und Joringel,
Illustration

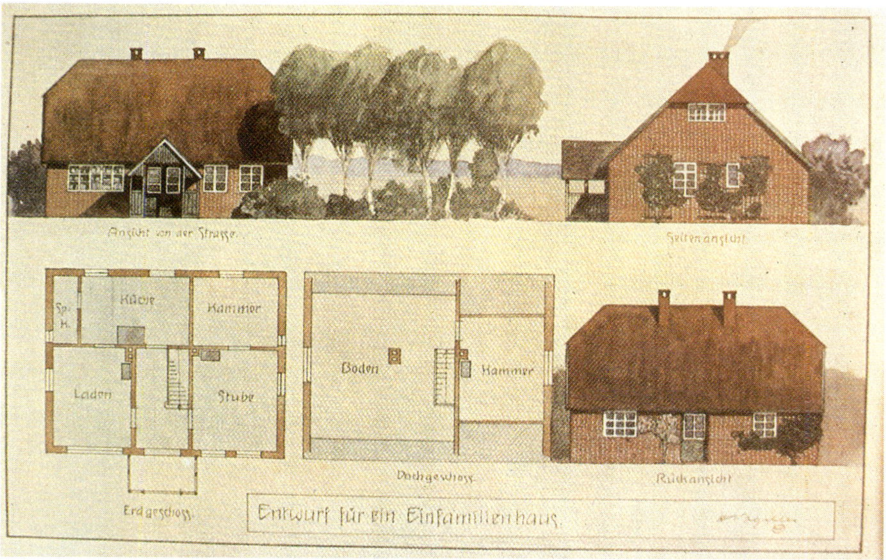

Entwurf für ein Reihenhaus

Martha Vogeler, 1910
Gemälde

Kind mit Katze, 1914
Gemälde

MOPR. Internationale Rote Hilfe, 1924
Plakat

Baku, 1927
Gemälde

Kopf eines skilaufenden Knaben, 1935
Gemälde

Bildnis der Schauspielerin Lotte Loebinger, 1938
Gemälde

Bildnis des Schauspielers Heinrich Greif, 1938
Gemälde

Bäuerin im Weingarten
des Karl-Marx-Kolchos in Gnadenburg, 1939/40
Gemälde

Balkanische Gebirgslandschaft mit Reiter, 1940
Gemälde

Puppenwerkstatt, 1940
Gemälde

Mondnacht in der Usbekischen Wüste, 1940
Gemälde

Vogeler richtete sorgfältig den steifen Kragen mit den abstehenden spitzen Ecken, legte den seidenen Binder darum, knotete ihn und zupfte eine Schleife zurecht.

Den Spiegel, vor dem er stand, und anderen Hausrat hatte ihm die Mutter mit einem Fuhrmann in das Worpsweder Haus geschickt. Eine kleine Fußbank gehörte zu dem Mobiliar, ein sechseckiger Tisch, die Kommode aus seinem Bremer Zimmer, das Heidebild.

Bevor er sich die Joppe überzog, hing Vogeler sich die goldene Uhr mit der langen Kette um den Hals.

Sein Entschluß hatte sich in Entschlossenheit gewandelt.

Heute, unbedingt an diesem Sonntag, war die Ausführung nötig.

Ich habe einen Grund, sprach er sich selber Mut zu. Der Anstand verlangt, daß ich sie aufsuche.

Ich gehe zu Martha.

Er nahm den Spazierstock, der ihn auf seinen Wegen begleitete, wenn er nichts weiter wollte, als sehen und die Natur genießen.

Er umklammerte fest den runden Knauf. Der andere Arm hielt die Mappe. Nein, Umkehr gab es nicht. Er sah nicht rechts noch links, bis er vorm Schröderschen Haus stand.

Er klopfte und legte sich die Hand auf die Brust. Ihm war, man könne das Hämmern seines Herzens vernehmen.

Marie öffnete, eine der älteren Schwestern. Vogeler kannte sie, sie bediente im Gasthaus, in das er essen ging.

Ich hol die Martha, sagte sie ungefragt und führte ihn in die Wohnstube.

Frau Schröder saß in ihrem Lehnstuhl. Auf den Knien hielt sie die aufgeschlagene Bibel.

Von Mackensen wußte Vogeler, daß die Bibel das Buch war, aus dem Marthas Mutter sich täglich Kraft und Lebensmut holte.

Die Sprüche und Lehren aus der alten Schrift wußte sie auf ihre Bedingungen zu übertragen. Sogar ihre Träume legte sie mit Hilfe der Bibel für sich aus.

Mackensen lächelte darüber. Vogeler mochte es nicht. Eine Frau, die Martha geboren hatte, konnte er sich nicht einfältig denken.

Für ihn war es der Ausdruck eines reichen Geistes, aus einem einzigen Buch alles herauszulesen, was zur Betrachtung des eigenen Daseins wichtig war.

Frau Schröder erhob sich und kam Vogeler entgegen: Sie bringen Neuigkeiten?
Vogeler suchte nach einem Vorwand, seine Nachricht erst in Marthas Beisein mitzuteilen. Die Frau erriet seinen Wunsch und kam ihm zuvor: Lassen Sie uns damit warten, bis Martha da ist. Sie wird gleich den Kaffee auftragen.
Frau Schröder erkundigte sich nach dem Befinden von Vogelers Mutter, fragte, wie der Umbau des Hauses am Weyerberg voranginge.
Er antwortete verlegen, mit heiserer Stimme.
Martha kam mit dem Tablett voller Geschirr. Sie stellte es ab und reichte Vogeler die Hand. Sie sah ihn nicht an. Marie brachte Streuselkuchen.
Sie saßen zu viert um den Tisch. Vogeler bemühte sich, heiter und gesprächig zu erscheinen.
Daß er auf der Wiener Kunstausstellung die Kleine Goldene Medaille bekommen hatte, ließ er nebenbei ins Gespräch einfließen.
Um so mehr hob er Marthas Anteil an diesem Erfolg hervor. Nicht nur, daß sie ihm damals so geduldig Modell gesessen habe, von größerem Gewicht war, daß ihn ihre Erscheinung, ihre feine Art erst angeregt hätten, die Worpsweder Landschaft wie aus einem Märchen herausgetreten zu empfinden.
Ohne Martha wäre nichts geworden, schloß er.
Niemand antwortete. Martha sah hartnäckig auf die Kuchenkrümel auf ihrem Teller.
Ich hab damit nichts zu tun, Herr Vogeler. Für den Herrn Mackensen sitze ich auch. Marthas Stimme klang abweisend.
Stille. Vogeler schwieg verletzt. Als sie sich zum letzten Mal gesehen hatten, hatte sie ihn Heinrich genannt, wenn sie auch das Du vermied. Frau Schröder griff nach der Kaffeekanne.
Jedenfalls ein schöner Erfolg für einen jungen Mann, sagte sie nachdrücklich. Und ja nicht der erste. Da können Sie sich wohl vor Aufträgen nicht retten?
Er sah sie dankbar an: Ja, ich hab viel zu tun. Visitenkarten, Geschäftsbriefe, auch ein paar Sachen zur »Versunkenen Glocke«, und ich hab versucht ... Es ist ein Glück, daß die Kupferpresse der Künstlervereinigung Worpswede in meiner Diele steht, da kann ich gleich das Ergebnis sehen.

Die Lerche, 1899
Radierung

Er zögerte: Ich würde Ihnen gern ein paar Arbeiten zeigen. Was Ihnen gefällt – oder Martha ... Bitte, suchen Sie sich etwas aus. Vogeler nahm die Mappe, die er gegen ein Stuhlbein gestellt hatte, und reichte sie der Frau.
Erst nach der Aufforderung der Mutter sah auch Martha hinein. Es schien sie nicht zu berühren, daß jede Zeichnung, jeder Druck ihr Porträt, ihre Gestalt enthielt.
Vielleicht ist eine Trennung wirklich das Vernünftigste, dachte Vogeler. Vielleicht werde ich ruhiger, wenn ich nicht jeden Tag in der Hoffnung verbringe, ihr zu begegnen.
Sieben Jahre diente Jakob um Rahel – Overbeck hatte gut spotten, ihn betraf es nicht. Es zählte nun auch schon nach Jahren, daß Vogeler um Martha warb.
Das Haus, für sie gebaut, war fertig, soweit es fertig sein konnte, ohne daß er um ihre Wünsche wußte.
Vogeler betrachtete die Frau mit den beiden Töchtern, die auf dem Sofa nebeneinander saßen, die Köpfe über seine Arbeiten geneigt. In dem ruhigen, achtungsvollen Umgang der Schröderschen Familie untereinander und mit anderen Menschen lag etwas, das ihn an sein eigenes Zuhause erinnerte.
Nicht nur Martha, auch dem Kreis um ihre Mutter hätte er gern angehört.
Ich hab ein Angebot nach München, begann er. Eine Angelegenheit, die längere Zeit in Anspruch nehmen würde ...
Martha sah nicht auf. Ihr Gesicht blieb unverändert. Sie schwieg. Die Würfel waren gefallen.
Mit fester Stimme sprach er weiter: Darum wollte ich heute den Abschiedsbesuch nicht versäumen. Der Schriftsteller Schröder und sein Vetter Heymel wollen eine moderne Zeitschrift gründen. Ich soll da mittun ... Heymel hat eine Erbschaft gemacht. Wir werden mit den Kosten nicht sparen müssen. Endlich kann ich arbeiten, wie ich es mir seit langem wünsche – in großem Umfang, ohne Beschränkung durch äußere Dinge.
Im Wohnzimmer wurde es dämmrig. Vogeler verabschiedete sich bald. Marthas Mutter begleitete ihn bis vor das Haus.
Die Martha ist ein gutes Mädchen, sagte sie leise. Ein bißchen scheu vielleicht. Und ihren eigenen Kopf hat sie nun mal.

Er hätte die Frau am liebsten umarmt. Schnell beugte er sich über ihre Hand und küßte sie. Dann wandte er sich ab.
Ging durch den Oktobernachmittag auf sein Haus zu, das leer stand.
Die Traurigkeit, die auf ihm lag, war nicht mehr niederdrückend. In München, bei guter Arbeit, würde sich das Warten leichter ertragen lassen.
Zu Hause warf er Joppe und Binder über einen Stuhl und zog einen Arbeitskittel über.
Sorgfältig in feuchten Torfmull eingeschlagen, lagen hinter dem Haus junge Birkenstämmchen. Ein Moorbauer, der Platz für Ackerfläche brauchte, hatte die Bäumchen ausgegraben und sie Vogeler überlassen.
Neben denen, die schon an ihrem Ort standen, steckte noch der Spaten in der Erde.
Er stieß kräftig mit dem Blatt in die Erde und hob die nächsten Pflanzlöcher aus.
Behutsam setzte er die Stämme hinein und trat die aufgeworfene Erde fest.
Als er den letzten gepflanzt hatte, war es fast dunkel. Zufrieden betrachtete er das kleine Wäldchen. Künftig würden ihn von der Landstraße diese Bäume als erste begrüßen.
Mochten sie wachsen.
Alles andere wird sich finden, dachte er zuversichtlich. Er kratzte sich mit dem Spaten den Lehm von den Stiefeln.

◈

Der Tisch war für drei Personen gedeckt. Am abendlichen Essen nahmen Rudolf Alexander Schröder und Heymel, der Gastgeber, teil. Vogeler mußte lächeln, wenn er Heymel mit seinem Kindheitsbegriff von einem Millionär verglich. Als wohlbeleibte, bärtige alte Herren dachte er sie sich. In strengen Maßanzügen, die Hände mit schwerem Gold beringt.
Heymel war ein junger, schlanker Mann von Anfang zwanzig, elegant gekleidet, aber seine Eleganz widerstrebte dem Üblichen und der Mode. Sein bevorzugtes Bekleidungsstück, eine grünseidene japani-

sche Weste mit Reihern, betrachtete Heymel mit verliebtem Stolz. Die Vögel waren mit feinen Silberfäden gestickt.

Schröder sah mißmutig zu Heymel herüber. Du solltest das alberne Ding nicht tragen, sagte er und wies auf die Weste. Die Münchner spotten darüber. Meinst du nicht, daß du schlichter erscheinen solltest, wenigstens in der Öffentlichkeit?

Laß sie spotten, entgegnete Heymel gelassen. Es ist nichts als Neid. Sie können es nicht ertragen, daß ich mir meine eigene Freiheit leiste.

Unhörbar, ein Schatten, war Heymels Diener in den Salon getreten. Als Heymel ihm den Blick zuwandte, fragte er leise, ob er das Essen auftragen könne.

Vogeler betrachtete den vorbereiteten Tisch. Sein Anblick war ein Genuß. Die Decke aus weißseidenem Goldbrokat, darauf Nymphenburger Porzellan.

Für den weißen Wein standen neben den Tellern alte venezianische Gläser, für den roten silbergetriebene Pokale, innen vergoldet.

Eine Schale in der Mitte des Tisches faßte auserlesene südliche Früchte. Sie wurde gekrönt von Orchideenzweigen, deren Blüten tropischen Vögeln glichen.

Heymel aß voller Hingabe. Nicht, als würden Delikatessen tagtäglich aufgetragen, sondern gerade in diesem Moment erfülle sich der langgehegte Traum eines einmaligen Festmahls.

Daß er jeden Bissen, jeden Schluck auskostete, manchmal mit geschlossenen Augen, hinderte ihn nicht, mit seinen beiden Mitarbeitern, die er Freunde nannte, Geschäftliches zu besprechen.

Er trug Schröder auf, noch einmal den Kostenanschlag für die geplante Zeitschrift zu überprüfen. Sparen sollst du nicht, sagte er, die *Insel* muß eine Sensation werden. Und das wird sie. Eine Insel des guten Geschmacks inmitten der Kulturlosigkeit. Ein Hort des Schönen und Edlen.

Schröder murmelte Unverständliches. Er mochte die selbstherrlichen Posen seines Freundes nicht. Daß er Heymel immer wieder zur Einfachheit mahnte, empfand Vogeler als rührend vergebliche Versuche.

Übrigens, Vogeler, mein Freund, Heymel hielt ihm sein Glas entgegen, die Sachen, die Sie für das zweite Quartal gemacht haben – und der Titel – alle Achtung. Genau mein Geschmack. Die schwingenden Linien über dem Blatt, dieser vornehme Rhythmus auf der ganzen

Fläche. Superb! Genau, wie ich mir unsere *Insel* denke: Die Verkörperung kultivierten Geistes.
Vogeler schwieg verlegen.
Auf Ihr Wohl, Vogeler! Heymel prostete ihm zu. Ihre Ranken, Federn, Blüten, das ist eine Dornröschenhecke, die alles Banale und Niedrige fernhalten wird.
Auf die *Insel*, erwiderte Vogeler und hob sein Glas gegen seine Nachbarn.
Die Aussicht, daß seine Arbeiten auf feinstem Papier, mit den modernsten Maschinen gedruckt, erschienen, erfüllte ihn mit freudiger Erwartung. Ebenso wie Schröder und Heymel hoffte er auf sensationellen Erfolg der neuen Zeitschrift.
Auf seinem Tablett trug der Diener die Desserttellerchen nach draußen. Die Fähigkeit, sich lautlos zu bewegen, beherrschte er vollendet. Selbst das Öffnen und Schließen der Tür war nicht zu vernehmen.
Heymel wies auf das Gefäß mit den Südfrüchten. Er nahm eine Orange und zog die in Streifen geschnittene Schale zu einer Rosette auseinander.
Vor der Tür gab es Bewegung, Stimmen.
Schröder sah auf die Uhr: Sie kommen.
Ohne anzuklopfen stürmten drei sehr junge Frauen ins Zimmer. Jede von ihnen auf eigene Art eine Schönheit. Schwarz. Blond. Brünett. Sie stellten sich neben die Stühle und begrüßten die Männer mit Wangenküßchen.
Ein namentliches Vorstellen, wie Vogeler es in Gesellschaften gewohnt war, gab es nicht.
Schröder nickte mit dem Kopf zu den Frauen und sagte: Das sind die Witwen.
Als er Vogelers verständnisloses Gesicht sah, fügte er lächelnd hinzu: Heymel nennt sie so. Es sind gewissermaßen Geschöpfe seiner Erfindung.
Die blonde junge Frau hatte sich von hinten über Vogelers Stuhllehne gebeugt.
Was habt ihr denn da für einen neuen Heiligen aufgegabelt?
Das ist unser Zeichner, liebes Kind. Ein Meister. Davon mußt du nichts verstehen, erwiderte Heymel. Das hat mit Arbeit zu tun.

Der Diener öffnete die Tür zum angrenzenden Raucherzimmer. Auf zwei Tischchen waren Mokka, Likör und Zigarren angerichtet.
Die jungen Frauen hakten sich unter und schritten voran.
Im Aufstehen nahm Heymel eines der großen Messer aus massivem, schwerem Silber in die Hand.
Zu klobig, sagte er, in Vogelers Richtung gewandt. Das können Sie besser.
Vogeler nickte. Er war an diese Art von Auftragserteilung gewöhnt.

Das Atelier in die Gabelsberger Straße bildete wohltuenden Kontrast zu dem hektischen und nervösen Getriebe in der Heymelschen Wohnung, an die sich die Redaktionsräume anschlossen. Tagsüber stand die Tür selten still. Besucher, Gäste, Unbekannte, die ihre Mitarbeit anboten, kamen und gingen.
In der Gabelsberger Straße verirrte sich kaum jemand; manchmal Schröder, der ihn zu einem Konzert oder abendlichen Ausflug abholte.
Vogeler stand am Fenster, freute sich an den Farben, die sich mit dem Untergang der Sonne veränderten. Klares Licht, das scharfe Konturen zeichnete. Der Tag war kalt. Senkrecht stiegen aus den Schornsteinen Rauchwolken auf. In den gegenüberliegenden Fenstern wurde das elektrische Licht eingeschaltet. Die Gaslaternen auf der Straße flammten auf.
Vogeler setzte sich an den Arbeitstisch. Ein langer Abend lag vor ihm. Er wollte Illustrationen vorbereiten. Mit spitzer Feder und Tusche zog er die ersten Linien.
Es klingelte.
Er ging durch den Vorraum, öffnete. Ein dunkelhaariges, junges Mädchen wartete vor der Tür und lächelte ihn an.
Erkennen Sie mich nicht, fragte sie verlegen. Ich bin die »schwarze« Witwe ... Tebasilé ...
Verwirrt bat er sie hereinzukommen. Er hatte sie nicht erkannt. Sie war ungeschminkt, trug das Haar lose aufgesteckt. Nichts von der Extravaganz ihrer Erscheinung in der Heymelschen Etage.
Kann ich irgendetwas für Sie tun?
Sie lachte. Sie sind immer so förmlich, Vogeler. Aber es gefällt mir.

Ich war hier in der Gegend, und ich wollte eigentlich nur reingucken und mich ein bißchen aufwärmen.
Auch ohne elegante Kleidung war sie schön. Groß und schlank. Sie wirkte sehr jung. Um ihre ausdrucksvollen, dunkelbraunen Augen lag etwas Kindliches. Sie rieb und massierte ihre Hände, die der Frost gerötet hatte.
Ich bin ein schlechter Unterhalter, Fräulein ... Wenn Sie vielleicht einen Tee trinken möchten?
Sie sah sich neugierig im Atelier um, blätterte ungefragt in den Mappen und Entwürfen auf seinem Tisch.
Wissen Sie was, Vogeler, ich bemuttere Sie heute. Sie zeigen mir, wo alles steht, und ich mache den Tee.
Er hörte sie in der Küche hantieren.
Sie summte leise vor sich hin. Sein Unmut über die unerwartete Störung verflog. Seit langem hatte sich keine Frau mehr seiner Alltäglichkeiten angenommen.
Er setzte sich an den Arbeitstisch und zeichnete.
Das Mädchen stand plötzlich vor ihm: Wissen Sie, Vogeler, ich habe nicht bedacht, daß ich Sie beim Arbeiten störe. Wenn Sie wollen, bringe ich Ihnen den Tee und gehe.
Vogeler sah in das wohlgeformte, offene Gesicht: Aber nein, wir trinken den Tee zusammen. Halten Sie mich nicht für unhöflich, daß ich mich wieder an die Arbeit gesetzt habe, es drängt.
Sie trug das Geschirr herein und deckte auf dem ovalen Tischchen vor der Liege.
Vogeler rückte seinen Stuhl, daß er ihr gegenübersaß. Sie hielt die Tasse mit beiden Händen, pustete in den heißen Tee.
Tebasilé ... wer hat Ihnen den klangvollen Namen gegeben?
Darf ich? Sie zog die Druckknöpfe an den Stiefeln auf, streifte sie ab, legte die Beine hoch und zog den Rock darüber, dann trank sie in kleinen Schlucken.
Entschuldigen Sie, sagte Vogeler, als er ihre abwehrende Haltung sah, Sie müssen mir natürlich nicht antworten.
Das Mädchen stellte die Tasse ab und strich sich mit beiden Händen über die Schläfen: Doch. Ich antworte Ihnen. Nur ... sagen Sie mir vorher ... was halten Sie von Heymel?
Er fühlte sich überrumpelt, wich aus: Ein gescheiter junger Mann mit

Kunstverstand und Geschmack. Die *Insel* unter seiner Leitung wird berechtigtes Aufsehen erregen.
Sie schüttelt den Kopf. Das meine ich nicht. Er – als Mensch. Verstehen Sie mich?
Vogeler zögerte mit einer Erwiderung. Er spürte, das Mädchen erwartete eine aufrichtige Antwort. Er rührte in seinem Tee, überlegte, strich mit der Daumenkuppe über die Kante des Tischchens.
Ich glaube, begann er langsam, worauf Sie anspielen, seine Ausschweifungen – die Ausritte zu Pferde, seine üppigen Gelage, auch sein Auftreten in der Öffentlichkeit – sollen verbergen, daß er sich unsicher fühlt. Im Innersten. Manchmal denke ich, daß er in dem Trubel einsam ist. Vielleicht braucht er diesen Aufwand, um einen Schirm, der ihn schützt, zwischen der äußeren Welt und seiner Verletzbarkeit zu schaffen.
Das Mädchen sah an ihm vorbei: Sie halten ihn nicht für verderbt?
Vogeler blickte überrascht auf: Aber nein! Er ist jung. Und Genuß an schönen Dingen – er lächelte sie an – wie an schönen Frauen ist etwas Natürliches.
Sie zog die Knie vor das Kinn, die Arme darum gelegt. Schwieg.
Er nahm die Kanne und goß beiden nach: Auf so energische Weise, wie Schröder ihn bisweilen zu erziehen versucht, wird es wohl kaum Erfolg haben. Heymel sucht noch – nach sich, gewissermaßen – man sollte ihn lassen.
In unveränderter Haltung blieb sie sitzen. Vogeler schob seinen Stuhl wieder vor den Arbeitstisch.
Nach einer Weile kam sie und stellte sich hinter ihn.
Was wird das?
Er wies auf das Manuskript: Eine Illustration. Ehefrühling heißt das Buch.
Auf dem Blatt zwei fast symmetrische Geranien in Töpfen, davor zeichnete er einen Leuchter mit brennenden Kerzen.
Sie zeigte auf die weit ausschwingenden Formen des Leuchters: Mir gefällt Ihre Art. Aber wissen Sie, daß manche Sie den Bandwurm-Künstler nennen ... wegen dieser Linien?
Er deutete mit der Feder die Umrisse eines Buches an: Ich hoffe, wo es zu spotten gibt, könnte auch etwas sein, worum es sich lohnt.
Die Besucherin räumte den Tisch ab. Er hörte sie in der Küche abwa-

Liebe, 1896
Radierung

schen und die Sachen einräumen. Als sie wiederkam, nahm sie ein Journal von der Ablage und blätterte.
Er vergaß ihre Anwesenheit, nahm ein neues Blatt und probierte eine Vignette.
Haben Sie eigentlich eine Frau, Vogeler?
Ja, antwortete er, und wie er merkte, dankbar, darüber sprechen zu können. Aber nur in meinen Träumen.
Eine Dame der Gesellschaft?
Wider Willen mußte er laut lachen. Nein, die Tochter einer armen Lehrerswitwe.
Schön? fragte sie vorsichtig.
Die Schönste für meine Augen – Anwesende ausgenommen.
Sie griff nach der Zeitschrift, sagte ruhig: Sie müssen mir nicht schmeicheln, Vogeler.
Als er aufsah, stand sie im Mantel vor ihm, reichte ihm die Hand. Danke! Bei Ihnen ist mir gut gewesen. So ruhig. Vielleicht darf ich einmal wiederkommen.
Er begleitete sie zur Tür. Unterwegs sagte sie: Ich bin nicht Tebasilé. Eine von Heymels Verrücktheiten. Es ist mein Name von hinten gelesen. Ich heiße einfach Elisabeth.

Würden Sie uns die Ehre erweisen, Freitagabend an einem kleinen Hauskonzert teilzunehmen?
Vogeler blickte verwirrt in das Gesicht eines Unbekannten. Nahm die Visitenkarte, die ihm gereicht wurde.
Sie kennen mich?
Aber, mein Lieber! Wer wird Sie nicht kennen! Bei Ihren großartigen Erfolgen. Vogeler – Worpswede. Ein Markenzeichen!
Mit einer belustigt-höflichen Verbeugung entfernte sich der Unbekannte.
Vogeler saß im Dunkeln. Er konnte sich nicht erinnern, wo dieses Gespräch stattgefunden hatte. München? Dresden? Florenz? Es war nicht das erstemal, daß ihn die flüchtig hingeworfenen Worte bedrängten.
Der Mond schien fast voll. Allmählich gewöhnten sich die Augen an das Dunkel. Die Umrisse der Möbel traten hervor. Vogeler schloß die Augen. Er wollte sich des Ortes nicht vergewissern. Er spürte, daß die

Zeit verrann; ungreifbar, nicht zu bewahren. Tage, Monate, Jahre. Er arbeitete. Er sah – er genoß – mit den Augen, mit der Zunge, mit dem Körper – ohne daß sein Innerstes ein Korn davon bewahrte. *Das Wahre* schwieg.

Großartige Erfolge. Hatte er sich Erfolg gewünscht, oder war er zu früh gekommen, vor dem ersten richtigen, eigenen Anlauf? Hatte er den Erfolg genossen? Er genoß ihn. Das Aber: Martha teilte seine Freude nicht. Hatte der Erfolg ihn gehindert zu arbeiten? Nein, die Suche nach dem Eigenen blieb unverändert, verstärkte sich.

Trotzdem das Unbehagen: Ein erfolgreicher Mann. Nicht nur sich selbst folgen, sondern von Dingen, Menschen, Meinungen abhängig sein. Ein Spielball. Ein Ball im Kinderspiel. Glänzend, rund, von fremder Hand bewegt. Immer in der Höhe. Immer im Flug.

Die Orte wechseln.

Sie verlieren ihre Eigenheit für den Erfolgreichen. Es sind immer andere Pensionen, Hotels, Ateliers. Immer andere Gesellschaften, Empfänge, Ausstellungseröffnungen. Immer andere Männer, Frauen, Kritiker, Bewunderer, Verehrer.

Bis sich eines Tages alle gleichen: die Städte, die Menschen, die Orte. Bis es unerheblich wird, wo man sich warum mit wem trifft. Eine Spirale. Unendlich.

Vogeler stand mit einem Ruck auf. Der leichte Holzstuhl polterte zu Boden.

Ich muß nach Hause, sagte er laut in das Dunkel.

Er stellte den Stuhl wieder auf. Kauerte sich zusammen. Versank in sich.

Vogeler – Worpswede. Ein Markenzeichen. Ein Etikett, das stets gleichbleibende Qualität der Ware versprach. Ein Versprechen für Dritte. Für Unbeteiligte.

Ach, Worpswede. Vogeler seufzte. In den vergangenen Jahren kaum mehr als zufälliger Aufenthalt. Als Gast im eigenen Haus.

Ich muß nach Hause, wiederholte er für sich. In eine Ruhe. Zu mir. Zu Martha.

Vogeler stand auf, trat ans Fenster. Sterne von unendlicher Helligkeit. Der Mond war nicht mehr zu sehen.

Martha. Er lächelte. Er hatte sich ihr genähert. Nein, sie hatte sich ihm genähert. Es begann mit Briefen. Mit Spaziergängen bei seinen

kurzen Aufenthalten in Worpswede. Mit Schweigen. Mit Blicken, die sie erwiderte. Endlich, endlich, endlich – sie gewann Vertrauen zu ihm. Sprach.
Sie willigte in seinen Vorschlag ein, sich in Dresden ausbilden zu lassen. Sprachen zu lernen. Weberei, künstlerische Handarbeit. Sie fertigte Kissen und Vorhänge nach seinen Entwürfen.
Noch immer wußte er nicht, ob er das als Hoffnung nehmen durfte. Er wagte nicht, sie Freundin zu nennen. Für ihn hieß sie: Meine junge Geliebte.
Liebe konnte einseitig sein, unerwidert, und es gab sie doch.
Der Gedanke beruhigte ihn. Müdigkeit breitete sich in seinem Kopf, in seinem Körper aus.
Im Dunkeln legte er sich hin. Die Arbeit in München zu Ende bringen, beschloß er, vorher nach Meißen.
In Worpswede werde ich anfangen zu leben. Mein Leben.

Die Meißner Manufaktur hatte die plastischen Modelle für die Rosenschalen bereits fertiggestellt. Nur wenige Korrekturen an den Gipsen waren erforderlich, bei der Auswahl der Farben kam man schnell überein.
Vogeler mietete sich in der alten Burg ein. Vom Fenster aus sah man auf die Elbe, die große Brücke. Dahinter der Bahnhof.
Lange Zeit des Tages verbrachte Vogeler an diesem Fenster. Er wartete. Er hatte Martha einen Brief geschrieben. Seine Wohnung genannt, den Weg beschrieben.
Er wünschte sehr, daß sie seinen Brief verstand, wie er gemeint war, eine Aufforderung zum Kommen.
Alle Begegnungen, die er mit freudigem Erinnern bewahrte, rief er sich ins Gedächtnis. Martha mit der zahmen Elster. Martha, ihm Modell sitzend. Martha, die ihn im Kreis der anderen Maler anlächelt. Martha und er auf dem Weg ins nächste Dorf, sie ihm die Verwendung der Heilpflanzen mit Eifer erklärend.
Eine Erinnerung blieb die schönste. Sie galt ihm als Versprechen: Er kam aus München in Worpswede an, voller Sehnsucht, Martha zu sehen. Nicht nach Hause, gleich zu ihr. Vor dem Schröderschen Hof lief ihm Marie, die Schwester, entgegen, sagte gleich, daß Martha in Bremen sei, in der Schneiderwerkstatt, wo sie lernte.

Es war mittags, er lief über den Berg bis zur Kleinbahn, die er gerade noch rechtzeitig erreichte.
In Bremen angekommen, erhielt er die Nachricht, daß Fräulein Schröder bereits auf dem Nachhauseweg sei. Er rannte auf den Markt, nahm eine Droschke, flehte den Kutscher um Eile an. Der Einspänner setzte sich in Trab. Nach einer Stunde Fahrt sah er sie. Auf der breiten Brücke über die Wümme. Sie ging in weiten Schritten. In ruhigem Maß. Über zwanzig Kilometer hatte sie zu laufen. Sie sah sich um, erkannte ihn, stieg ohne Zögern ein. Martha gab ihm die Hand und setzte sich dicht an seine Seite.
Sie strahlte.
Alles strahlte.
Die Sonne, die Felder, die Birken entlang der Landstraße, die Lerchen in der Luft.
Sie fuhren nicht zum Schröderschen Haus, sondern zum ersten Mal gemeinsam zu seinem Haus am Weyerberg.
Die Birken, im Herbst gepflanzt, grünten. Ein zartes, wisperndes Wäldchen.
Martha sah sich mit Aufmerksamkeit Haus und Garten an. Zum ersten Mal hatte er zu hoffen gewagt: Dies wird ihr Reich ...
Er dachte jetzt so fest, so innig an sie, daß er meinte, sie müßte körperlich spüren, wie sehr er nach ihr rief.
Wenn gegen Abend der letzte Zug aus Dresden eingelaufen war, wanderte er durch die engen, lichterarmen Straßen der Stadt nach draußen, ins Freie. Die Felder lagen abgeerntet. Goldfarbene Getreidestoppeln und Reste von Stroh. Die Hänge mit den Weinstöcken in sattem, kräftigem Grün.
Warme, spätsommerliche Abende.
Von den Rainen pflückte er Rittersporn, Wegwarte, späte Kornblumen und Samenrispen der Gräser. Üppige Sträuße, das letzte Lächeln des Sommers.
Er erkannte Martha auf der Brücke im Strom der Reisenden. Ihr helles Kleid, das blonde Haar. Sie ging in Begleitung einer Frau. Suchend sahen sie zu dem Fenster herauf, hinter dem er mit klopfendem Herzen stand.
Ein kurzes Pochen, sein heiseres Herein. Martha kam allein. Sie blieb und wurde seine Frau.

Im kahlen, weiß gestrichenen Zimmer gab es ein Holztischchen, zwei Schemel und ein Bett.
Wenn sie aufwachten, sahen sie in den weichen, sanftblauen Septemberhimmel. Davor, in leeren Konservendosen, die Sträuße, die er gesammelt hatte.
Sie faßten sich an die Hand, lachten. Sie liefen und griffen sich wie Kinder. Zogen in die liebliche Umgebung der Stadt. Kamen an einsamen Gehöften vorbei, hinter deren Mauern Hunde bellten. Tranken in Gasthäusern leichten Meißener Wein vom Faß.
In einem Buchenhain sahen sie in der Dämmerung im Laub eines Baumes einen Siebenschläfer klettern. Zwischen dem Blattwerk schimmerte bräunlich-seiden das Fell des Tieres. Es beäugte sie. Die Barthaare zitterten. Es kam näher, sah die beiden Menschen lange an und verschwand mit einem Sprung. Das vorjährige Laub auf dem Boden raschelte.
Vogeler zog Martha an sich: Siehst du, wie im Paradies – sogar die Tiere haben Vertrauen.
Abends rückten sie die Schemel zum Fenster. Der Blick ins Tal. Auf die Elbe. Ein festlich glänzendes Band, um die Stadt geschlungen, um die Burg, um ihr Zimmer.
In jedem Moment fühlte Vogeler die Nähe der Frau. Noch gewärmt und erfüllt von ihren Zärtlichkeiten, wünschte er sich neue. Jetzt ist es wahr, dachte er. Das ist das Glück.

◈

Es dämmerte. Ein klarer Worpsweder Morgen. Vogeler sah auf die Uhr. Er fühlte sich frisch und ausgeschlafen. Mit behutsamen Bewegungen nahm er seine Sachen. An der Tür wandte er sich um. Martha schlief, den Rücken zum Zimmer gewandt, die Haare über das Kopfkissen gebreitet.
Draußen war es kühl. An den Gräserspitzen hing Tau. Vogeler steckte die drei Beine der Staffelei in den lockeren Boden. Sie stand der Freitreppe gegenüber.
Mit genauem Blick betrachtete Vogeler, was auf das Bild gelangen sollte: Ein Stück bläßlichen Morgenhimmels, vor dem der Giebel auf-

Der Barkenhoff, Hangseite, 1902
Zeichnung

ragte, seine sacht auslaufenden Seiten mit den verzierten Urnen. Das rote Dach des Hauses, begrenzt vom Frühlingslaub der Bäume. Die Fliederbüsche an der Vorderfront, das grüne Holzgatter als Pforte. Die Treppe mit dem geschwungenen Geländer, den steinernen Seitenläufen, die an jedem Ende Platz boten für die Kübel mit Zitronenbäumchen.

Die Kletterrosen an der Gartenmauer hatten Knospen angesetzt, sie würden sich runden und blühen. Alles ist im Werden, empfand Vogeler mit Genugtuung.

Er wußte nicht, wie oft er sein Haus gezeichnet, gemalt, mit dem Stichel in die Kupferplatte geritzt hatte. Er würde sich nie satt sehen. Es war ihm mehr als Haus und Heimat. Der Barkenhoff, nach den Birken benannt, die er gepflanzt hatte, war Tempel seiner Liebe, ein Tempel für Martha.

In den Büschen begannen die Spatzen zu lärmen. Eine Meise sang, in der Ferne, von der Straße her, karrten und rumpelten die Räder eines Ackerwagens.

Die nördliche Landschaft hüllte ihn ein. Zwei Häuser gab es, nicht weit vom Weyerberg, in denen zwei Paaren, ebenso wie Martha und ihm, das Dasein ein Fest schien.

Nur Wochen nach der Hochzeit auf dem Barkenhoff hatten Paula Becker und Otto Modersohn, die Maler, geheiratet, dann Clara Westhoff, die Bildhauerin, und Rilke, der Dichter.

Sechs Menschen im Aufbruch, einander in achtungsvoller Freundschaft zugewandt. Junge Frauen, junge Männer, die es drängte, ihrem innigen Empfinden Ausdruck zu geben: Die Welt mit ihren Wundern ist schön.

Paula und Otto trugen es in ihre Bilder. Clara gab ihm im menschlichen Körper Gestalt. Rilke faßte es in Worte, in Gesänge. Martha aber wußte all das zu versammeln, den Dingen, die ihre Hand berührte, Glanz und Klang zu geben. Sie war die Königin.

Vogeler drückte grüne Farbe für das Gras aus der Tube und strich sie auf der Palette glatt.

Und ich, dachte er, was bin ich in diesem Reigen? Er seufzte. Wenn ich wählen könnte: Der Gärtner der Königin.

Das weiße Zeichenblatt, Leinwand und Palette verlangten, daß er alles herauszwang, was er wußte, fühlte, erfahren hatte. Stichel, Pinsel

und Stift forderten ihn, preiszugeben, wo seine Seele, wo sein *Wahres* wohnte, Bereiche, von Worten nicht berührt. Die Stunden am Schreibtisch und vor der Staffelei zogen Kraft aus ihm, zehrten an allen Sinnen.
Wie anders empfing ihn der Garten: die Wasser des Lebens, Schneeflocken, Tautropfen, Regen fielen auf ihn und alles, was wuchs. Im Frühjahr mit dem Spaten die feuchte Erde umgraben. Samenkörner aus der Hand in die Bodenkrumen rieseln lassen. Das Unkraut aus den Beeten zupfen. Beeren von den Sträuchern lesen. Das Gras mähen. Äpfel und Birnen vom Baum nehmen. Das welke Laub zusammenharken. Im Winter die Gehölze auslichten. Er war geborgen in der Natur, die im Garten um das Haus begann und hinüberwechselte in Moor und Heide. Sie antwortete auf sein Mühen mit Blüten und Früchten: mit Schönheit.
Im Vorjahr hatte er Tulpenzwiebeln in den Rasen vor der Treppe gesteckt. Jetzt erhoben sich in lockerer Folge die gelben und roten Kelche über dem Gras.
Vorsichtig flötend, dann immer lauter, jubelnder und freier erfand eine Amsel ihre Morgenmelodie. Vogeler suchte sie mit den Augen. Sie saß auf dem höchsten Zweig der alten Kastanie. Er bedauerte, daß ihr Gesang, diese Ode an den Maimorgen, nicht in sein Bild fließen konnte.
Vogeler tupfte den Pinsel in Gelb. Er setzte neben den Giebel einen verblassenden Stern. Bald würde auch er, wie alle anderen, unsichtbar werden für menschliche Augen, und doch blieb er und leuchtete.
Ringsum auf den Gehöften krähten die Hähne, als wollten sie einander überbieten. In der Nachbarschaft schlug ein Hund an. Der Stern war verschwunden. Leichter Wind bewegte die Blätter. Unsichtbar auch er.
Vogeler atmete tief: Im Unsichtbaren lebt ein Geheimnis.
In einem Dachzimmer des Hauses, das er malte, wußte er seine schlafende Frau. Martha war im dritten Monat schwanger.

Als die Musiker den zweiten Satz des Flötenkonzertes begannen, stand Vogeler leise auf und ging in den Garten. Ohne durch andere Laute gestört zu werden, klangen die Töne von Flöte, Geige und Violoncello bis zu ihm.

Vogeler griff in ein Beet, faßte eine Handvoll Erde und zerbröckelte sie zwischen den Fingern. Die dunklen Krumen bröckelten, er hatte am Nachmittag ausgiebig gegossen.
Gurken und Tomaten blühten. Wenn das Wetter sommerlich blieb, würden sie gut ansetzen. Die Zuckerschoten mußten nachgebunden werden. Knospen, Blüten, winzige Schoten und pralle von Fingerlänge hingen in Fülle an den Ranken. Er knipste eine ab, knackte die Hülse am spitzen Ende und zog sie auseinander. Acht Erbsen, gegenständig geordnet, auf jeder Seite vier. Er palte die Kügelchen aus, steckte sie in den Mund. Die Hülsen warf er auf den Komposthaufen.
Die Flöte setzte zum Solo an. Rufend und lockend sprach sie. Die Streicher antworteten. Besänftigend, zu heiterer Gelassenheit auffordernd.
Vogeler ging im Bogen um das Haus, damit ihn niemand bemerkte. Seitlich, vor der Vorderfront, in der Nähe eines Strauches, setzte er sich ins Gras. Er legte die Arme um die Knie.
Die Musik war allgegenwärtig. Als entstünde sie nicht nur aus den Instrumenten, sondern aus dem Grün der Blätter, aus den Rundungen und Kelchen der Blüten, als ströme sie von den Menschen aus, die auf der Terrasse saßen. Vier von ihnen gehörten zu den ihm am vertrautesten, nächsten. Ihr Anblick tat ihm wohl.
Ganz links, im weißen Kleid – Paula. Sie mochte es, wenn man sie Paula Becker nannte. Ihr Mädchenname, an dem sie festhielt, um ihre Selbständigkeit gegenüber Otto Modersohn, ihrem berühmten Mann, zu behaupten. Die Malerin hielt den Kopf geneigt. Ihr dunkles, dichtes Haar faßte im Nacken ein Knoten zusammen. Paula hielt die Lider gesenkt. Ruhig atmend wirkte sie, wie immer ganz in sich geschlossen. Vogeler beneidete sie um das Vermögen, Einsamkeit und Kränkung ohne Groll in sich aufzunehmen, sie in ihrem Inneren zu verbinden und umzuformen zu etwas Eigenem. Und dieses Eigene war schön. Es leuchtete mit starken Farben aus ihren Bildern.
Selbst ihre Schriftzüge waren von Heiterkeit bestimmt: in fröhlicher Eile vorankugelnde, runde Buchstaben.
Neben Paula, halb von ihr verdeckt, saß die rothaarige Agnes, ein Zufallsgast auf dem Barkenhoff. Das schwarze Tuch um die Schultern bildete einen spannungsvollen Gegensatz zum Rot ihres Haares.
Der Platz neben Clara Westhoff auf der Gartenbank blieb leer. Rilke,

Sommerabend, 1901
Radierung

ihr Mann, reiste durch Schweden. Claras großzügig geformten Gesichtszügen konnte man die Art ihrer Gedanken nicht ablesen. Frisch und tirilierend, sprudelnd vor Übermut entströmten die Töne den Instrumenten. Was mochten sie in Clara wachrufen? Sie wirkte abweisend, in sich gekehrt, die Mundwinkel leicht gesenkt.
Hinter den Frauen stand Otto Modersohn. Auch in Modersohn schienen die heiteren Klänge an Ernstes zu rühren. Er verharrte bewegungslos, die Hände in den Taschen. Zwischen seinen Augenbrauen zwei tiefe, untilgbare Falten. Bevor er sich mit Paula verband, war seine Frau, lange leidend an einer Lungentuberkulose, gestorben. Zu dem stillen, mit Fleiß und Sorgfalt arbeitenden Maler fühlte sich Vogeler besonders hingezogen.
Regungslos, die Vorderläufe ausgestreckt, lag auf einer der oberen Treppenstufen der Russische Wachhund, ein Geschenk Heymels. Selbst das Tier verhielt sich, als lausche es der Musik. Die Ohren spielten.
Hinter der Pforte stand Martha, die hellste, die anrührendste Erscheinung.
Das kostbare Spitzentuch schmiegte sich um ihren Hals, über ihre Brust, wie auf den Bildern alter Meister. Marthas helle Haare, in der Mitte gescheitelt und aufgesteckt, waren im Sommer besonders strahlend.
Sie hielt sich aufrecht, sann den Tönen nach. Ihr Blick ging ins Weite. Vogeler wünschte sehr, seine Frau bemerke ihn, aber Martha nahm ihn nicht wahr.
Vorsichtig stand er auf. Er hatte Lust, sich dem anmutigen Bild der Freunde beizufügen. Er fühlte Genugtuung. Diesen Menschen, die ihm nahe waren, Stunden des Einklanges, des geistigen Genusses zu verschaffen, brachte ihm Befriedigung.
Dafür hatte es einen Sinn, mehr als die Hälfte jedes Tages bei der Arbeit zu verbringen, das war der beste Zweck des Geldes, das reichlich von den vermögenden Auftraggebern strömte. Ein Exlibris, eine Visitenkarte oder einen Briefbogen bei Vogeler-Worpswede ausführen zu lassen, war teuer.
Mit langsamen, gemessenen Schritten ging Vogeler zur Terrasse.
Er stellte sich still neben Martha, spürte die Wärme, die ihre Haut aussandte, ihren feinen Duft.

Es wurde dämmrig. Die Umrisse der entfernteren Bäume verschmolzen mit dem Abendhimmel. Die Kinder schliefen schon lange.
Wieder hatte die Flöte die Führung übernommen. In heiter-selbstbewußten Tönen bewegte sich die Melodie dem Ende des Rondos zu: Springende Wasser. Hüpfende Kinder. Farbenspiel im Sonnenlicht.

Das alljährliche Schützenfest zog die Dörfler aus der Umgebung an. Buden wurden aufgebaut, Männer und Frauen quirlten durcheinander. In großen Zelten hingen über den Köpfen der ausgelassen Tanzenden abwechselnd schwarz-rot-weiße Fähnchen, die Farben des Reiches.
Über dem Schießstand thronte auf einer Stange der Königsadler. Girlanden und Lampions umrahmten den Festplatz, dahinter die Umrisse der hohen, alten Bäume.
Schützenkönig wurde immer ein Großbauer, einer von den wohlhabenden: Der Brauch verlangte, daß reichlich Freibier floß. Das Schützenfest verwischte Unterschiede, die sonst galten: Die Bäuerin tanzte mit dem Kaufmann, der Handwerksbursche mit der Malerin, die Lehrersfrau mit dem Knecht.
Abends brannten die Kerzen in den Laternen. Im Dämmerlicht schimmerten die Kleider der Frauen. Über allem stand – ein überwölbender Baldachin – der sternenbesäte Himmel.
An den langen gescheuerten Holztischen wurde gesungen. Fröhlich und laut oder wehmütig-still.
Vogeler lehnte im Dunkeln am Stamm einer Linde. Sie war fast verblüht, aber duftete noch. Insekten flogen um ihre Krone.
Er sah auf die Feiernden. Es gelang ihm nicht, sich von der freundlichen Heiterkeit des Festes anstecken zu lassen. Ihm war so beklommen, daß er schlucken mußte. Einen Grund für diese Wehmut wußte er nicht. Nichts ließ sich benennen, was ihn mit solcher Wucht bedrückte.
Er wandte sich ab und ging auf den Weyerberg zu, fand den großen Stein, auf dem er sich gern ausruhte.
Von hier oben bot der Festplatz einen märchenhaften Anblick, Wärme, leuchtende Farben, im Norden selten. Anmutige Gestalten huschten unter den Bäumen. Elfen? Tropische Falter?
Martha war gegen Abend mit den beiden Mädchen nach Hause ge-

gangen. Seine Begleitung lehnte sie ab. Sie drängte ihn, auf der Festwiese zu bleiben. Vogeler fügte sich. Er wußte, ihr Wunsch war ernst gemeint. Wenn er sich widersetzte, ihrem Wollen nicht entgegenkam, zog sie sich ganz in sich zurück, sprach nicht, schien seine Gegenwart nicht mehr wahrzunehmen.
Vielleicht lag es an der Schwangerschaft. Gegen Weihnachten sollte ihr drittes Kind geboren werden. Vogeler dachte an dieses Kind mit freudiger, sehnlicher Erwartung, aber Martha wurde es schwer – drei Kinder in vier Jahren. Für die groben Arbeiten, zum Kochen, waren Gehilfinnen eingestellt, aber Martha war es nicht gewohnt, daneben zu sitzen, wenn andere ihr Teil taten.
Sie als Mutter seiner Kinder zu sehen, beglückte ihn. Er gab dem alten Bauernwort recht, daß das erste Kind gesund mache und das zweite schön. Die dreijährige Mieke, die zwei Jahre alte Bettina waren für ihn Marthas Geschöpfe. Zarte, weiche Wiederholungen ihres Selbst. Stundenlang konnte er neben ihnen sitzen, ihnen zuhören, ihre Spiele betrachten. Puppen, die kleinen Nachbildungen von Pferd und Wagen, von Kaufmannsläden und Eisenbahnen liebten sie nicht sonderlich. Der Garten mit Blättern, Steinen, Sand, mit Zweigen, Federn, Halmen bot ihnen reichlich Material für ihre Erfindungen. Für Figuren und Formen, die in ihren Augen lebendige Wesen wurden.
Wenn er den Kindern zusah, wünschte er oft, er hätte das Vermögen, Kummer, Schmerz und Unbill von ihnen fernzuhalten.
Eine Fledermaus schoß über Vogelers Kopf hinweg, flatternd und flügelschwenkend entfernte sie sich.
Die deutlichsten Klänge vom Festplatz waren jetzt die langgezogenen Töne eines Akkordeons. Man sang ein altes Schifferlied.
Vogeler hörte es neben sich knacken. Etwas Weißes näherte sich durch das Gesträuch. Er erkannte die Umrisse einer weiblichen Gestalt. Paula.
Ich habe gesehen, daß Sie nicht mehr an der Linde standen, da dachte ich, Sie hier auf dem Stein zu finden, sagte sie leise. Störe ich Sie?
Er schüttelte den Kopf und schwieg. Mit Paula brauchte man nicht zu sprechen um der Unterhaltung willen. Er rückte an den Rand des Findlings, damit sie sich neben ihn setzen konnte. In der Nacht erschien ihr kastanienbraunes Haar fast schwarz.

Um ihr Chiffonkleid trug Paula als Gürtel eine Schnur aus Korallenperlen. Sie nestelte an den Enden, zeigte auf den Platz: Die Schützenwiese da unten – ein feines Bild in die Landschaft hereinkomponiert. Es müßte gleich auf die Staffelei.
Er nickte.
Ach, Vogeler, daß ich Sie oft so traurig finde. Wenn mir solche Stunden kommen, dann hoffe ich darauf, daß sie Vorbereitung sind, daß mir bald etwas ganz besonders Schönes begegnet.
Sie verschränkte die Hände, sah ihm von der Seite ins Gesicht: Sie haben so viel, woran sich freuen läßt. Ihre Frau, die Kinder. Ihr wundervolles Haus, der Garten. Jedermann muß Sie sich glücklich denken. Man reißt sich darum, bei Ihnen Gast zu sein ... Und wie wundervoll Sie es verstehen, andern ein Fest zu bereiten. Die Konzerte, die Vorträge, Dichterlesungen ... Sie machte eine kleine Pause: Sie fliehen Ihre eigenen Feste!
Vogeler zupfte einen Halm neben sich aus und spielte damit, zerrieb ihn zwischen den Fingerkuppen. Er duftete würzig.
Gestern bin ich aus Oldenburg zurück, begann er. Sie haben mir einen ganzen Saal auf der Kunstausstellung gegeben. Ich habe ihn eingerichtet und war zufrieden. Als alles fertig war, stand ich in der Mitte des Raumes, sah mich um – und plötzlich schien mir, ich könne diesen Saal gar nicht füllen. Er wäre zu groß für mich und alles, was da hängt – ganz unangemessen.
Paula antwortete nicht. Still saß sie neben ihm. Die Geräusche der Nacht tröpfelten in ihr Schweigen. Verschlafener Vogellaut, ein Unkenruf.
Der Festplatz lag ruhig. Die Feiernden zogen in alle Richtungen davon. Manche sangen, andere sprachen, riefen sich Grüße zu. Es war tief in der Nacht. Auf der Schützenwiese wurden die Lichter gelöscht.
Vogeler dachte an die wenigen Bilder, die er von Paula gesehen hatte. Kaum jemand kannte diese Malerin, ihre einzige Bremer Ausstellung war ein jämmerlicher Mißerfolg. Die Kritiker zerrissen ihre Kunst, niemand schien sie zu mögen und zu brauchen. Für Vogeler entstand aus Paulas Farben, aus ihren Köpfen, Landschaften und Figuren eine ganz eigene, lebendige und unbeirrbare Kraft, die ihn anzog.
Sie sind viel stärker als ich, Paula. Ich versuche mich in diesem, in je-

nem. Bücher, Bilder, Kerzenständer, Lampen, Geschirr, Tapeten, ein bißchen Architektur – und nichts will sich zum Ganzen fügen. Wenn Sie wüßten, welchen Verdruß mir diese Werbeschrift macht. »Vogelerscher Zierat«! Ich mache Röschen und Schnörkel. Beliebig auszuwechseln. Aber Sie – bei Ihnen ist alles echt.

Paula stand auf, wandte sich ihm zu: Jeder versucht auf seine Art, etwas zu werden, sagte sie fest. Sie strich das Kleid glatt, reckte die Arme in die Höhe und streckte sich. Die Nacht ist so wundervoll! Mögen Sie ein Stück mit mir gehen?

Sie stiegen die kleine Anhöhe herab und wandten sich den Wiesen an der Hamme zu. Ihre Augen hatten sich an die Dunkelheit gewöhnt, der Mond, nur halb, leuchtete satt.

Auf den Feldern der Kleinbauern blühten die Kartoffeln. Die Gerste stand hüfthoch. An den Wegrändern duftete Kamille. Vogeler berührte leise die Frau am Arm: Die Sommersonnenwende ist vorüber, der Höhepunkt des Jahres überschritten, Paula. Es geht bergab.

Aber Vogeler! Sie blieb stehen, wies in die Nacht. Ist es nicht ein Geschenk, all diese Herrlichkeit empfinden zu können?

Er sah sie an. Der Scheitel in ihrem Haar bildete eine helle Linie in der Mitte ihres Kopfes.

Wissen Sie, wann ich ganz deutlich Herrlichkeit empfunden habe? Als das Jahrhundert begann, als wir drei Paare uns fanden ... Es ist gerade fünf Jahre her. Clara und Rilke streben wieder voneinander. Wohl haben sie ihr Kind, aber –, nun ja, und Sie, Paula, zieht es auch mehr nach Paris als in Otto Modersohns Haus.

Paula machte eine unwillige Bewegung mit der Schulter.

Er hielt ihr die Hand hin. Verzeihen Sie, wenn ich Sie verletzt habe.

Sie schüttelte den Kopf. Nein, nein! Es ist ja wahr. Wir sind Freunde, Vogeler, da muß man sich alles sagen dürfen. Sehen Sie, zu Ihnen, auf den Barkenhoff, kommt die Welt. Mir ist es in Worpswede oft zu eng.

Sie lächelte ihn an: Ich verrate es Ihnen – im tiefsten Untergrunde habe ich eine große Sehnsucht nach der Welt. Nach den Städten, den Galerien, wo man seine Seele laben kann.

Von der Hamme schwebte ein Nebelstreif auf sie zu. Er bewegte sich so selbständig, als gäbe ihm nicht Luft und Windströmung Richtung und Geschwindigkeit, sondern eigenes Streben.

Paula wedelte mit den Händen: Das ist der Erlkönig. Er sendet uns einen Boten, damit wir uns nicht zu tief in sein Reich verirren und uns das Moor verschlingt! Sie senkte die Stimme und sprach im Tonfall eines Predigers: Ein schwerer Verlust für das deutsche Kulturleben. Der große Künstler, Heinrich Vogeler, bekannt bis ins ferne russische Petersburg, wurde von einem Irrlicht, das die Gestalt einer weißen Frau angenommen hatte, in sein Verderben gelockt!

Ja, dachte Vogeler, sie lockt mich. Unvermittelt fing Paula an, sich zu drehen, zu hüpfen, tanzte auf dem Sandweg ihm voran.

Wie ist mir wohl! Wie ist es schön! Ich lebe! Lieber Gott, ich lebe! Sie rief, sie schrie die Worte in die Nacht.

Vogeler holte Paula ein. Schnaufend, mit aufgelösten Haaren, stand sie vor ihm. Eine wunderweiße, junge Frau.

Wie ich Sie beneide, sagte er. Die Bedrückung, von Paulas Gegenwart verscheucht, kehrte zurück. Wenn es mir doch gelänge, von Ihrer Heiterkeit zu sein.

Paula steckte sich die Haarsträhnen in den Knoten zurück: Einmal muß auch das heraus!

Nach ein paar Schritten stand sie still: Jetzt will ich ein Weilchen mit mir alleine sein. Bis Sonntag. Leben Sie wohl.

Sie drehte sich um und ging. Vogeler stand und sah ihr nach, bis ihr helles Kleid sich in der Dunkelheit verlor.

Er wandte sich zum Weyerberg und ging über die Felder seinem Hause zu.

Ein Satz kreiste in seinem Kopf. Er wußte ihn von Paula. Nach einem Konzert auf dem Barkenhoff war sie zu ihm in die Diele gekommen, als er allein stand. Ohne Anlaß und Zusammenhang hatte sie gesagt: Wissen Sie, was Rilke für die höchste Aufgabe einer Verbindung zweier Menschen hält? Er hat es mir in einem Brief geschrieben: Daß einer dem anderen seine Einsamkeit bewache.

Tag und Nacht orgelte es in der Luft. Äste brachen von den Bäumen, Heuschober wirbelten auseinander, von den Rohrdächern lösten sich bündelweise Halme und klatschten auf die Erde. Eine der alten Mooreichen lag geknickt.

Auch über die weihnachtlichen Feiertage gab es keine Ruhe. Hatte sich der Sturm gegen Abend etwas besänftigt, so brauste er in der Nacht um so heftiger auf.

Von der nahen Küste kamen beunruhigende Nachrichten über steigende Fluten. Würden die Deiche halten? Vorsorglich holten die Moorbauern, deren Häuser dicht an die Kanäle gebaut waren, ihre Holzvorräte und Torffladen in höher gelegene Bereiche der Anwesen.
Vogeler zog die Fenstervorhänge im Atelier auf. Die Landschaft draußen war bewegt. Die Wipfel der jungen, biegsamen Birken hielt der Sturm fast waagerecht. Bisweilen trieben die dunklen Wolken auseinander, man sah ein Stück klaren Himmel.
Vogeler rieb sich die Stirn. Sie schmerzte.
Auf dem Arbeitstisch lagen seit mehreren Tagen Entwürfe für eine Einladungskarte. Eine Bankiersfamilie wünschte zur Goldenen Hochzeit seine Kunst auf allem Gedruckten: Speisekarte, Tischkarten, Danksagung.
Vogeler fürchtete sich, zu seinem Platz zurückzukehren. Es war keine Einbildung, keine übertriebene Befürchtung, es war Gewißheit: Seine Sehkraft verließ ihn.
Die Brille half nichts, die gründlichen Untersuchungen des Arztes brachten kein neues Ergebnis als das: organisch gesund.
Aber er konnte schlecht sehen, die Augen schmerzten. Nur Dämmerung war zu ertragen. Der Arzt empfahl, die Augen zu schonen, Feder, Bleistift und die Stichel für die Druckplatten eine geraume Weile aus der Hand zu legen.
Sie müssen ausspannen, Vogeler, sagte er nachdrücklich. Was Ihre Augen in den letzten zehn Jahren haben leisten müssen – es war zuviel. Der Körper rächt sich, wenn man ihn übergeht! Machen Sie etwas anderes, denken Sie an etwas anderes als an Ihre Arbeit! Vielleicht eine Reise ...
Vielleicht eine Reise. Vogeler ging zum Tisch, nahm die Skizze mit den stilisierten Kranichen in die Hand, verglich sie mit denen vom Vortage. Kein Zweifel: Es gelang ihm nicht mehr, die Linien zu ziehen, wie es seiner Vorstellung entsprach. Sie wurden ungenau, vage. Zum Wesen seiner Arbeit gehörten exakte Einzelheiten bis ins kleinste, bis in die Form einer Schneeflocke. Wenn ihm das nicht mehr gelang, konnte er sein Werkzeug für immer aus der Hand legen. Das war das Ende seiner Kunst.
Grausamste Vorstellung: Erblinden.
Er schloß die Augen, versuchte, sich zum Lichtschalter am anderen

Ende des Ateliers zu tasten. Er hielt die Arme in Brusthöhe von sich gestreckt, ging mit zögernden Schritten. Nach zwei, drei Metern verlor er das Raumgefühl. Sein Fuß stieß an einen hölzernen Gegenstand, der beiseite schurrte. Er bückte sich, ohne die Augen zu öffnen, griff suchend mit den Händen: das kleine Bänkchen, auf das er beim Gitarrespielen den Fuß setzte.
Er tapste weiter, erreichte die Tür, suchte die Fläche neben dem Rahmen mit den Händen ab. Fand den Lichtschalter, drehte ihn an. Die Helligkeit drang als rote Wand durch seine Lider. Er sah auf ihr Striche, Kreise, Spiralen. Sie waren beweglich.
Er trat gegen etwas Festes, eine Leiste traf ihn an der Schulter, polterte zu Boden.
Unwillkürlich öffnete er die Augen. Er hatte die Staffelei umgestoßen. Er ließ sie liegen, auch die nicht vollendete Leinwand, mit der Bildseite nach unten.
Heftig atmend fiel er auf der schmalen Liege nieder. Ungezügelte, gewalttätige Angst bedrängte ihn. Besetzte alle seine Sinne. Sein Empfinden, sein Denken.
Er legte die Hände vor das Gesicht. Warum gerade ich? Wofür werde ich bestraft? Wo liegt meine Schuld, mein Vergehen? Ich weiß es nicht. Kann mich das Schicksal grundlos schlagen? Und nicht nur mich. Was wird aus Martha? Was wird aus den Kindern? Dem Haus, dem Garten – aus allem?
O Gott!
Gott? Er hatte keinen Gott, den Herrn. Gott war Natur, war Leben. War der Sinn, der in allem Lebendigen waltete.
Hier gab es keinen Sinn. Blindheit war die Hölle.
Er stieß einen klagenden Laut aus. Wenn er weinen könnte! Wie die Kinder weinten, die Frauen.
Er hatte das Weinen verlernt. Unbemerkt war es in ihm vertrocknet.
Er stand auf. Nur raus, raus! Aus diesem Raum, aus dieser Leidenshöhle.
In der Diele warf er die Joppe über, zog die Stiefel an. Er mochte niemandem sagen, wohin er ging. Er wußte es selber nicht.
Der Wind stieß ihn. Er rüttelte und zerrte an seinen Kleidern, als hätte er endlich den lang gesuchten Gegner gefunden, an dem er seine Kräfte würdig messen konnte.

Vogeler stemmte sich gegen den Nordwest. Vom Laufen gegen den Sturm war ihm warm. Er stapfte durch Pfützen, rutschte auf dem nassen Gras aus, stolperte und lief.

Er blieb stehen. Vor ihm lag das Günne-Moor. An seinem Rande standen zwei Katen. In einer brannte Licht. Das Licht zog ihn an. Er ging auf dem schmalen, unsicheren Weg durch das Moor. Tastete von Grassode zu Grassode. Bilder von Moorgeistern bedrängten ihn, das Geraune um Irrlichter, Dükerfrauen, Unterirdische. Der Boden gab unter seinen Tritten federnd nach. Mit wütenden Stößen preßten sich die Böen gegen seinen Körper.

Sicher erreichte Vogeler den festen Wegrand, an dem die Häuser standen. Die Dielentore des einen, erleuchteten, waren geöffnet. Vogeler trat über die Schwelle. Vor ihm lag ein Toter.

Im offenen Sarg gebettet, den Kopf, aus dem spitz die Nase hervortrat, etwas erhöht. Die Hände auf dem Leib gefaltet, in ein schäbiges Nachthemd gekleidet. Er war noch nicht alt.

Hinter seinem Kopf brannten, unruhig flackernd, zwei Kerzen. Der Sarg war von Tannengrün umgeben, mit ein paar späten, zerzausten Winterastern besteckt.

Niemand war zu sehen. Eine der Kühe, die auf der rechten Seite der Diele angebunden, streckte den Kopf vor und brummte dem Unbekannten entgegen. Vogeler fuhr erschrocken zurück.

So armselig konnte der Tod sein.

Langsam ging Vogeler auf der Landstraße zurück. Ein grausliges Land, in dem ihr hier lebt.

Der Satz sprach mit Rilkes Stimme in seinem Gehirn. Vogeler sah sich um. Menschenleer lag das Moor. Der Sturm türmte riesige, schwarze Wolken auf. Die Wasserlachen spiegelten den finsteren Himmel.

Vogeler schritt schneller aus. Die Windkraft schob ihn.

Es mochte sein, daß man in vielen Hütten im Tode so lag wie dieser Mann – kaum älter als er selber. Aber es gab einen Hort des Schönen, eine Stätte des Lichtes und Verläßlichen. Es gab den Barkenhoff.

Als er ankam, überfiel ihn schon auf der Diele die Angst, die er abgeschüttelt glaubte. Im Haus war es still.

Als er die Tür zu Marthas Zimmer öffnete, sah sie auf und lächelte ihn an. Die kleine Martha, das dritte Mädchen, noch keinen Monat

Erster Sommer, 1904
Radierung

alt, lag an der Brust der Mutter und sog schlafend die Milch ein. Vogeler ging auf sie zu, wollte Martha über das Haar streichen, aber plötzlich kniete er vor ihr nieder und legte seinen Kopf in ihren Schoß.
Martha duftete nach kleinem Kind und Muttermilch. Nach Frieden. Vogeler gelang es nicht, das Weinen, das aus ihm herausbrach, zurückzuhalten.
Martha, sagte er, ohne den Kopf von ihren Knien zu nehmen. Mir ist so grausam zumute. Ich muß weg von hier.
Er spürte ihre Hand auf seinen Haaren. Er schluckte und ließ die Tränen rinnen.

◈

Schneller als gehofft kam die Reise zustande. Schon am dritten Tag des neuen Jahres saß Vogeler in einem verdunkelten Abteil des Schnellzuges nach Genua, stieg dort auf einen deutschen Dampfer um, der ihn nach Ceylon bringen sollte.
Ein Auftrag des Bremer Senats erwies sich als segensreich. Vogeler hatte die Güldenkammer, in der die Ratsherren Sitzungen abhielten, neu gestaltet.
Eine Arbeit, die ihm lieb war: Zwölf elektrische Lampen, kunstvoll an einem Messingoval montiert, erhellten den großen Tisch in der Mitte. Rosenverzierte Kamingitter, stilisierte, große Vögel auf den Kapitellen. Geprägte Ledertapete.
Für alles hatte er das edelste, teuerste Material gewählt. Der Raum, in Rot und Gold, gab üppigem Reichtum Ausdruck, den Bremer Senatoren seit Generationen das selbstverständliche. Sie konnten es sich leisten, einen der berühmtesten Künstler des Landes für sich arbeiten zu lassen, Sohn der Stadt und durch Geburt einer der Ihren, des Kaufmannsstandes.
Vogeler hatte sich nicht gescheut, kurz vor Silvester für seine Reise um Unterstützung zu bitten. Eine Fahrt zur See hielt der Arzt für die schmerzenden Augen für am heilsamsten. Die Männer, die Vogeler bat, kannte er von Kindheit an: Geschäftsfreunde des Vaters, Teehändler, Reeder, Besitzer von Kaffeeröstereien. Der Platz auf einem

Teefarmer in Ceylon, 1906
Zeichnung

modernen Dampfer war schnell besorgt. Mit Stapeln von Empfehlungsschreiben fuhr Vogeler der Insel entgegen.
Er konnte sich von den anderen Passagieren fernhalten. Als einzigem war es ihm angeboten, das Kapitänsdeck zu benutzen.
Er brauchte keine Reisebekanntschaften, er wollte mit sich allein sein, mußte sich wiederfinden, aus der Angst heraus. Wenn möglich: gesunden.
In den ersten Tagen blieb er in der Kajüte, die einem wohl eingerichteten Zimmer glich. Das Essen ließ er sich bringen. Schlief, eingewiegt vom gleichmäßigen Dröhnen der Maschine, von der monotonen Bewegung des Schiffes. Er schlief die meiste Zeit des Tages.
Wachte er auf, blieb er liegen, bis er von neuem in den Schlaf geschaukelt wurde.
Eine wohltuende Gleichgültigkeit hatte sich in seinem Kopf, in seinem Körper ausgebreitet. Selbst die Träume mieden ihn.
An einem Abend, als das Schiff vor Anker lag, im Dämmerlicht, traute er sich zum erstenmal an Deck.
Der Schmerz hinter den Augäpfeln war einem leichten Druck gewichen. Vogeler sah auf das Ufer. Eine Bergkette, kahl. Davor Palmen. Palmen – er lächelte. Ich bin in einem südlichen Märchen zu Gast.
Das Wasser um das Schiff lag ruhig, von keiner Welle gekräuselt. Am Himmel, viel heller als im Norden, flimmerten Sterne. Ihr Spiegelbild im Meer schien aus der Tiefe emporzusteigen.
Es war so still, daß er sein Atmen hörte. Er fühlte sein Da-Sein, dankbar und seit Monaten zum erstenmal ohne Furcht.
Ist es nicht ein Geschenk, all diese Herrlichkeit empfinden zu können!
Ja, Paula, dachte er, es ist ein Geschenk. Und du solltest als Prinzessin erscheinen, eine Zauberfee, und mich bei der Hand nehmen.
Die Insel Ceylon, das Märchenreich, war von fremden Herrschern besetzt. Keine Könige, sondern Teefarmer, Plantagenbesitzer, Edelsteinhändler. Im Hotel in Colombo kippte ein Weißer einem braunhäutigen Diener für einen vergessenen Teelöffel ein Glas mit Whisky ins Gesicht. Es war ein Engländer, der am Nachbartisch saß. Vogeler schämte sich. Er schämte sich für Europa. Für alle Italiener, Deutschen, Schweizer, die sich benahmen wie böse Götter.
Sie beschmutzen das Paradies! Die Empfehlungsschreiben für die

Hauptstadt ließ er unbenutzt. Er zerriß sie. Er fuhr ins Innere des Landes, in den Dschungel, in die Dörfer der Eingeborenen, auf eine Koka-Farm.
Der offene Wagen, von Pferden gezogen, trug ihn in eine andere Welt. Er hörte sie. Er schmeckte sie. Er fühlte sie. Vor allem: Er sah. Ohne Schmerz, in der alten, gewohnten Genauigkeit nahmen seine Augen die Bilder auf.
Wolken weißer Schmetterlinge wie Schneegestöber, Papageien, Affen und Geckos. Lianen, Lotosblumen, Palmen, Palmen.
Tief im Urwald, in einer kleinen Siedlung begegnete ihm die Erinnerung an den Garten Eden: ein Wasser am Dorfrand. Halb Bach, halb Teich, mit hohen Bäumen umstanden, von deren Wipfeln sich die Zweige wieder zur Erde neigten.
In dem Wasser badeten Mädchen, junge Frauen. Sie wuschen sich die Haare, wuschen ihre Leibtücher und breiteten sie am Ufer zum Trocknen aus.
Sie waren nackt. Eine jede von so vollkommener Gestalt, von so vollendeter Anmut der Bewegung, als wären sie nicht in den armseligen Hütten des Dorfes geboren worden, sondern ein Künstler von seltener Begabung hätte ihre Leiber geformt. Die Haut makellos, von goldenem Braun. Sie zeigten vor dem Fremden keine Scheu. Nacktheit war ihnen natürlicher Zustand, selbstverständlich.
Vogeler sah ihnen lange zu. Er genoß ihren Anblick. Ihre Körper entzückten ihn, weil sie Frauen waren und er ein Mann.
Irdische Frauen. Geschöpfe der Liebe. Zauberische Wesen. Und doch sterblich und vergänglich wie jeder Mensch.
Er verstand nicht, was sie sprachen, aber er verstand die Sprache ihrer Körper, ihre Gesten, ihr Lächeln. Sie waren, wie er es für sich wünschte: gelassen, friedlich, heiter.
Sie waren sie selbst. Einfach und schön.
Die badenden Frauen bewahrte sein Gedächtnis als Bild. Das Kostbarste, was er auf dieser Reise erwarb.
Ich muß einfacher werden, dachte er. Zum Wesentlichen zurück: Wasser, Erde, Himmel, Luft. Tiere und Pflanzen …
Zum Grund der Dinge. Wie sie wirklich sind. Ein Mensch sein mit Menschen. Nicht nur für sich leben, sondern für die Gemeinschaft. Ihr Wohl anstreben. Nützlich sein.

Auf der Rückfahrt nach Colombo, auf einer Straße, über der sich der Dschungel schloß, daß man durch einen grünen Tunnel fuhr, sah er ein Chamäleon.
Es saß auf einem Ast, vollkommen grün wie seine Umgebung. Von derselben Art und Größe wie Fidis Chamäleon aus Tirutschirapalli. Ein Schwall von Erinnerungen überschüttete ihn: die ersten Zeichenversuche, Anna in der morgenwarmen Küche. Der Vater an seinem Schreibpult. Die Keile der Graugänse am Märzhimmel. Ihre Rufe.
Worpswede. Martha. Die Kinder.
Er mußte nach Hause. An neue Arbeit. Er wußte sich gesund und wieder im Leben. Die Angst war gewichen.

◆

Das nächtliche Schneetreiben ließ gegen Morgen nach, ging in Schauer über. Die Sonne brach durch die Wolkendecke. Weiß, glitzernd mit einem leichten bläulichen Schimmer lag der Weyerberg.
Nach dem Mittagsschlaf zog Martha die Kinder an. Vogeler holte die beiden Schlitten aus dem Anbau.
Jauchzend vor Freude warfen sich die Kinder in das weiche, unberührte Weiß.
Am Hang wollten alle drei Töchter auf den Schlitten des Vaters. Vogeler umfaßte die warmen kleinen Leiber und drückte sie an sich. Vorsichtig mit den Schuhen abbremsend, glitt er mit ihnen auf dem größeren Schlitten nach unten.
Martha fuhr allein.
Am Fuße des Hügels angekommen, faßten die beiden älteren Mädchen die Mutter an die Hand und stapften mit ihr nach oben. Vogeler zog die kleine Martha auf dem Schlitten hoch.
Auf der Anhöhe drängten die Kinder wieder auf den Schlitten des Vaters. Martha fuhr allein voran.
Mama! Mama! schrieen die Kinder.
Martha! rief Vogeler.
Sie drehte sich kurz um und winkte ihnen.
In diesem Moment wurde Vogeler bewußt, daß sie den ganzen Tag

noch kein einziges Wort zueinander gesagt hatten. Alles, was sie äußerte, war an die Kinder gerichtet.
Und gestern? Vorgestern? Er konnte sich nicht erinnern. Wann hatten sie zum letztenmal miteinander gesprochen, mehr als notwendige Mitteilung über Haushaltung und Kinder? Mehr als sachliche Vereinbarungen. Er wußte es nicht.
Er kannte Marthas verschiedene Arten zu schweigen. Selbst wenn sie abends ohne eine Äußerung mit ihm allein im Zimmer oder in der Diele saß, stickte oder las, fühlte er, ob sie frohgelaunt war, mißmutig, still in sich gekehrt, über etwas nachdachte.
Worüber dachte Martha nach? Über ihre Arbeit? Ihre Entwürfe für Decken, Kissen, Teppiche? Über die Kinder? Über die Freunde? Über sie beide? Oder bewegten sich ihre Gedanken in ganz anderen Bereichen, zu denen er keinen Zugang hatte?
Aber spreche ich denn von mir, dachte er erschrocken. Kann ich ihr sagen, wie es in meinem Inneren aussieht? Nach Ceylon wollte ich ihr erklären, daß ich auf neue Art arbeiten muß. Habe ich es getan? Mechanisch setzte er die Kinder auf den Schlitten, fuhr herunter, trabte nach oben.
Aber merkt sie denn nicht, daß ich etwas anderes begonnen habe? Daß nicht mehr die Ausschmückung mir das Wichtigste ist, sondern der Raum, das Haus, die Siedlung. Daß alles viel schlichter ist. Einfacher, vom Zweck bestimmt.
Martha rodelte vorbei. Sie sah nicht zur Seite. Der hochgestellte Kragen ihrer Jacke verdeckte das Kinn, die Mütze mit den Ohrenklappen die Stirn. Von ihrem feinen Profil waren nur Nase und Mund zu erkennen.
Wenn sie doch ihre klaren, grauen Augen zu ihm wenden würde! Wie oft er das wünschte. Wie selten sich der Wunsch erfüllte! Jede Zärtlichkeit, jede Berührung ging von ihm aus. Immer war er es, der die Hand ausstreckte. Der um Liebe bat.
Anfangs hatte er gedacht, sie müsse erst lernen, Zuwendung zu zeigen und zu erweisen, dann hatte er sich getröstet, daß Martha eben zu der Art der zurückhaltenden norddeutschen Frauen gehörte. Spröde und nach außen kühl, aber tief im Empfinden und von Dauer, treu.
Für ihn gab es nichts Schöneres, in einem Konzert, bei einem Besuch

im Theater, bei einer Fahrt über Land, als ihre Hand zu halten, über ihre warmen Finger zu streichen. Erst das machte den Genuß vollkommen.
Martha entzog ihm oft die Hand. Bisweilen unwillig, wie er meinte.
Er zeigte keine Verstimmung. Er mochte niemanden zwingen. Sollte sie mit sich allein sein. Allein sehen, hören, genießen. Ihm war es Freude genug, wenn es ihr gut erging.
Seit er sie zum erstenmal gesehen hatte, war Martha schön. Erst mädchenhaft zart.
Jetzt hatten sich die energischen Züge in ihrem Gesicht verstärkt. Sie war kräftiger geworden und fraulicher. Er sah ihr gern zu. Wie sie mit den Kindern umging, bei den Handarbeiten. Wie sie ging, saß, sprach, lachte.
Lachte sie seltener? Ahnte sie von seinen Bedrückungen? Hatte sie von seiner tiefen Furcht zu erblinden gewußt? Hatte er ihr jemals gesagt, daß ihm nichts – Auszeichnungen, Ehre, Ruhm, Geld – so wichtig war wie sie, wie ihre Gegenwart? Daß selbst, wenn er sich entfernte, es eine Annäherung an sie war. Das liebste Wesen auf der Welt.
Am Abend saßen sie beim Kerzenlicht. Nur Marthas Augen und die eine Hälfte ihres Gesichts waren beleuchtet. Hinter ihrem Kopf wölbte sich das Nackenpolster des alten Lehnsessels. Marthas Lieblingsplatz seit der letzten Schwangerschaft, bevor sie die kleine Martha geboren hatte. Martha schälte einen Apfel. Sie ließ die Hände sinken und sah zum Fenster, hinter dem der Schnee die Nacht erhellte.
Vogeler betrachtete zärtlich seine Frau. Weich und sanft sah sie aus. Ruhig.
Martha, sagte er bittend.
Ja, was willst du? entgegnete sie sachlich.
Die Worte trafen ihn wie Prügel.
Was er sich seit Stunden zurechtgelegt hatte, ganz von sich zu sprechen, vom Innen, von seinem *Wahren*, zog sich zusammen zu einem Punkt. Zu einem Schmerz.
Wie schön du bist, Martha, sagte er leise.
Martha antwortete nicht. Sie schälte den Apfel und zerschnitt ihn in kleine Stücke.

In der trüben, regnerischen Zeit vor den Weihnachtstagen war es wohltuend, Worpswede, jetzt einsam und leer von Gästen, eine Zeitlang verlassen zu können.
Vogeler hatte eine Einladung ins polnische Łódź angenommen. Eines seiner Bilder war dorthin verkauft. Der erfreute Besitzer bot einen Aufenthalt an.
Vogeler fuhr mit Martha. Die Kinder wußten sie von der Mutter und dem Mädchen gut versorgt. Im Winter gestatteten Garten und Haushaltung am ehesten Entfernung.
Die Reise brachte, was Vogeler erhofft hatte. Martha freute sich an der neuen Umgebung. Es gab keine Geschäfte, keine Angelegenheiten, die sie trennten. Sie lebten freundlich miteinander. Alles Ungute, Bedrückende, Verworrene blieb zurück. Freie Tage voller Selbstvertrauen. Vogeler atmete auf.
Auf der Rückreise stiegen sie in Bremen um. Im Wartesaal saßen Paulas Schwestern.
Er ging auf sie zu, sie zu begrüßen, sich nach Paula zu erkundigen. Die Frauen drehten sich zu ihm um. Er sah in müde Gesichter, in Augen, die so viel geweint hatten, daß sie ohne Tränen waren.
Vogeler wußte sofort: Paula ist tot.
Überdeutlich nahm er seine Umgebung wahr. Weiße Tischdecke mit einem gelblichen Fleck. Kaffeetassen. Sahnekännchen. Ringsum wurde weiter gesprochen. Die Kellner servierten, Züge kamen an und fuhren ab. Man aß, trank und lachte.
Wie sie nach Worpswede gelangt waren, wußte sich Vogeler später nicht zu erinnern. Erst nach Tagen nahm der Verstand als endgültig auf, was sich das Bewußtsein weigerte anzuerkennen.
Vogeler hatte nur ein Bedürfnis: allein zu sein. Martha konnte ihm nicht helfen. Sie trug Last genug. Last, die er nicht kannte. Er fühlte nur, sie war da, von der Reise zurückgekommen, stärker als jemals zuvor.
Er schloß sich in seinem Atelier ein. Er sah Paula, er hörte Paula, er antwortete ihr. Sie war in seinem Innern gegenwärtig. Wenn er endlich, gegen Morgen, einschlafen konnte, sah er sie im Traum. Lebendig, wie nur Paula im Leben sein konnte.
Sie hatte oft von ihrem Tod gesprochen. Ohne Angst, ohne Bedauern. Erfüllt von der festen Notwendigkeit, alles gleich zu tun, ohne Auf-

schub. In ihrem Malen und in ihrem Dasein. Sie hielt sich für glücklich. Vielleicht war sie es einzig dadurch.

Als Vogeler sie zum letztenmal sah, trug sie über ihrem Kleid einen weiten Umhang: Paulas Kind sollte in den nächsten Wochen geboren werden. Alle, die sie kannten, freuten sich auf dieses Ungeborene.

Paula, die oft Frauen und Kinder malte, war nur als glückliche Mutter vorzustellen. Vogeler dachte damals: Die Erfahrung wird sie reich machen.

Die Berichte von Paulas Tod glichen einer Legende. Das Kind war geboren, gesund und rundlich. Paula strömte die Milch in Fülle aus. Wie jede Mutter lächelte sie, wenn sie den Säugling, ein Mädchen, ansah. Das Kind schlief neben ihrem Bett, sie brauchte nur die Hand auszustrekken, um es zu fühlen, sich seiner Gegenwart zu vergewissern.

Zwei Wochen nach der Geburt stand sie zum erstenmal auf. Otto Modersohn hatte das große Zimmer festlich geschmückt. Kerzen brannten in den Leuchtern. Der große Lehnstuhl, Paulas Platz, war in die Mitte des Raumes geschoben.

Paula erschien, festlich gekleidet.

Sie strahlte: Wie freue ich mich! Wie freu ich mich!

Ehe es die anderen fassen konnten, sank sie im Stuhl zur Seite. Ihr Atem ging röchelnd.

Sie sagte noch: Ach, wie schade!

Paula war tot.

Schröder kam aus München angereist, holte Vogeler aus seinem Atelier. Wie fern war München. Wie fern die *Insel*, wie fern das Mädchen Tebasilé.

Gemeinsam mit Modersohn gingen sie in das kleine Bauernhaus, in dem Paula gemalt hatte, in dem sie niemand stören durfte.

Sie fanden eine Fülle von Bildern, die noch kein Mensch außer ihr gesehen hatte. Aus allem sprach, was Paula fröhlich und eigensinnig für sich beansprucht hatte: das Glück.

Nach ihrem Tod wurden Paulas Bilder berühmt. Museen und Galerien, private Sammler boten hohe Preise. Ihre Tagebücher wurden veröffentlicht und waren rasch vergriffen.

Vogeler fand darin keinen Trost. Etwas Wunderbares, mit Worten nicht zu Beschreibendes, war für ihn zu Ende. Ein Glanz erloschen. Ein Lied verklungen.

Ein Mensch, wie ihn die Erde nur selten hervorbringt, fehlte. Paula war einzig. Niemand würde ihr gleichen.

Die Auseinandersetzung war kurz. Sie endete mit seiner Niederlage. Vogeler empfand Demütigung.
Er war nicht imstande, die frühsommerliche Umgebung wahrzunehmen, sich von Grün und Sonnenlicht beruhigen zu lassen.
Er ging langsamer, er wollte Martha und die Kinder seinen Ärger nicht merken lassen.
Die Entwürfe für das Muster-Dorf trug er mit sich. Sie hatten bei den Bremer Unternehmern kaum verdeckten Spott geerntet. Es belustigte sie, daß Vogeler, Maler der Blumen und Märchen, Mann der schönen Künste, einen Plan zur Verbesserung der Welt ausgearbeitet hatte.
Der Plan war einfach und sinnvoll, durchdacht bis in die Einzelheiten, das Ergebnis mehrerer Monate Arbeit, jahrelanger Beobachtungen und Erfahrungen, der Studien einer Reise durch englische Gartenstädte. – Umsonst! Und doch hielt Vogeler diese Arbeit für die sinnvollste, die er je geleistet hatte.
Eine Möbelfabrik, mit modernen Maschinen ausgestattet, sollte den Menschen, für die auf den Bauernhöfen im Moor kein Platz war, die auswanderten oder unter erbärmlichen Bedingungen in die Städte gingen, Arbeit geben.
Die Fabrik mit hellen Räumen bildete den Kern der Siedlung. An alles war gedacht, was das Wohnen in dem Ort zur Freude machen konnte. Vielgestaltige, den unterschiedlichen Lebensformen gerechte Häuser und Wohnungen für Familien, für Ledige. Es gab Kinderheime, eine Schule, eine Badeanstalt. Spielplätze, Gärten.
Alles projektiert, daß es die Natur nicht zerstört, sondern sich in Material und Form der Landschaft einfügte.
Vogeler sprach es laut: Ein Plan der Vernunft.
Er war belacht worden. Wenn seine Möbelfabrik genug Profit abwerfe, könne er wieder nachfragen: Das Urteil derer, von denen er für das mustergültige Dorf Geld und Unterstützung erhofft hatte: Weltfern!
Am bittersten kränkte ihn ein Satz, in seinem Rücken gesprochen, als er schon an der Tür stand: Malen Sie lieber Ihre schönen Bilder, Vogeler!

Einen Moment lang spürte er Verlangen, die Mappe mit den Entwürfen seitwärts ins hohe Gras zu schleudern.
Merkten diese Menschen denn nicht, daß Änderung not tat? Daß etwas getan werden mußte gegen die Armut in den Dörfern, gegen das Elend in den großen Städten? Wo sollte angefangen werden, wenn nicht da, wo man lebte?
Satz des Vaters: Berufen ist man in seinem Kreis.
Auf der Landstraße kamen ihm drei Kinder entgegen, drei Mädchen. Seine Töchter.
Sie riefen und winkten. Ein Schrecken durchzuckte ihn: Ein Unglück war passiert!
Er lief ihnen entgegen und sah, daß sie lachten. Sie überstürzten sich in der Mitteilung, schnitten einander das Wort ab: Das Luftschiff von Graf Zeppelin sollte über das Moor fliegen.
Erleichtert drückte er die Kinder an sich, wies auf den erhöhten Wegrand: Dann warten wir hier.
Die Mädchen schwatzten aufgeregt. Sie ließen Marienkäfer über die Hand laufen, schnipsten mit den Blütenständen des Spitzwegerich, die kleine Martha flocht aus Stiefmütterchen und Hundskamille einen Kranz.
Vogelers Ärger wich, die Spannung ließ nach. Er war müde. Am liebsten hätte er sich im Gras ausgestreckt und wäre eingeschlafen, eingehüllt in den vertrauten Singsang der Kinderstimmen. Sie stritten, aus welcher Richtung das Luftschiff sich nähern würde.
Der Zeppelin schwebte von der Moorseite heran. Die Mädchen sprangen auf und winkten. Deutlich waren an der Unterseite des Flugkörpers zwei Gondeln zu erkennen, in denen Menschen saßen. Der zigarrenförmige Apparat besaß zwei Seiten- und ein Höhensteuer. Vogeler wollte den Kindern den Gebrauch der verschiedenen Teile erklären. Sie hörten nicht zu.
Glückselig, mit emporgereckten Hälsen, staunten sie das Wunder an: Menschen, die wie Vögel in der Luft schwebten.
Die Mädchen sprangen und hüpften, sie drehten sich vor Übermut und jubelten. Vogeler betrachtete sie neidvoll: Er war zu alt, um an Wunder zu glauben. Immer waren es die Auserwählten, denen freier Flug vergönnt war. Die anderen standen unten, verrenkten sich die Hälse und gafften.

Anzeige der Worpsweder Werkstätte

Er wollte den Kindern die Freude nicht zerstören.
Der Mensch lernt fliegen, sagte er, das werdet ihr euren Enkeln erzählen können.
Die Mädchen reagierten nicht. Sie liefen vor ihm her, auf den Barkenhoff zu, um mit anderen ihr Erlebnis zu teilen.
Vogeler nahm seine Mappe aus dem Gras, klopfte den Staub ab: Malen Sie lieber Ihre schönen Bilder! Er seufzte.

Für die häufig wechselnden Gäste auf dem Barkenhoff gab es mehrere Zimmer. Zwei im Obergeschoß, dazu einige bescheidenere Unterkünfte in den Nebengebäuden.
Es kamen Freunde und Verwandte, Geschäftsleute und Vertragspartner, Studenten, junge Maler, die Vogelers Kunst bewunderten.
Viele sah er nur flüchtig. Das Wichtigste war seine Arbeit. Jedermann nahm Rücksicht darauf, daß er die meiste Zeit des Tages im Atelier verbrachte, daß er auf Spaziergängen, durch die er sich erholte, allein sein wollte.
Es gehörte zu Marthas Obliegenheiten, sich um die Gäste zu kümmern. Für die meisten Arbeiten im Haushalt waren Hilfen eingestellt. Martha aß mit den Gästen, sprach mit ihnen, verschaffte ihnen – wenn sie es wünschten – Möglichkeiten zu arbeiten.
Nicht alle Gäste, die einkehrten, manche für Tage, manche für Wochen, gefielen Vogeler. Es gab laute Menschen unter ihnen, eitle. Aber da Martha es einzurichten verstand, daß sie ihn nicht störten, er ihnen aus dem Wege gehen konnte, blieb es erträglich.
Es waren oft jüngere Leute, die die berühmte Gastfreundschaft des Barkenhoff in Anspruch nahmen. Martha saß stundenlang, hörte sich Sorgen an, riet.
Im Sommer vor Marthas dreißigstem Geburtstag quartierte sich ein Student ein, Ludwig Bäumer, der in Nöten war. Er litt darunter, daß er ein Duell ausgeschlagen hatte, bezichtigte sich der Feigheit, dann wieder strich er wortreich seine Vorzüge hervor.
Ständig brauchte er jemanden, der ihm zusprach, ihn ermutigte, ihn unterhielt.
Vogeler nahm den unbequemen Gast kaum zur Kenntnis. Er wußte, Martha kümmerte sich. An ihrem Geburtstag im Oktober war Bäumer, wie häufig, stark betrunken. Er wurde ausfällig gegen die ande-

ren Gäste. Gegen Mitternacht saß er weinend in der Diele und drohte, sich umzubringen. Vogeler betrachtete ihn mit Unbehagen. Es war wohl möglich, daß er seinen Vorsatz wahrmachte. Martha beschwichtigte ihn schließlich, ließ ihm ein Beruhigungsmittel geben und überzeugte sich, daß er schlafen gegangen war.

Müde und mit verschlossenem Gesicht kam sie auf die Diele zurück. Vogeler saß allein. Die Geburtstagsgäste waren gegangen. Die Kerzen auf dem Tischchen mit den Geschenken brannten noch. Martha nahm ein Buch in die Hand, blätterte, ohne zu lesen.

Vogeler betrachtete sie, ihre anmutige Haltung, ihr volles Haar. Ist es nicht zu viel der Mühe, fragte er leise.

Sie schüttelte den Kopf: Er wird es überwinden, sagte sie fest. In den nächsten Tagen war Bäumer stiller. Er trank nicht. Keine Selbstanklagen und Drohungen mehr. Er schien die schlimmste Zeit hinter sich zu haben, begann zu arbeiten, zu malen.

Vogeler verbrachte die meiste Zeit an seinem Arbeitstisch. Er las die Märchen von Oscar Wilde. Ein Verlag hatte ihn beauftragt, den Schmuck für das Buch zu liefern. Eine Arbeit, die ihn freute. Geschichten von glücklichen Prinzen, opferwilligen Freunden, von Kindern, Riesen, Gärten und Rosen. Märchen der Liebe.

Wenn Vogeler erst spät am Abend aus dem Atelier kam, schlief Martha schon.

Ende Oktober, das Buch war fast fertig, ein paar Initialen fehlten noch, saß Martha in sich zusammengesunken in ihrem Schlafzimmer. Sie hatte kein Licht eingeschaltet. Eine Kerze brannte auf dem Fensterbrett.

Martha rührte sich nicht, als sie Vogeler kommen hörte. Er ging zu ihr, stellte sich vor sie.

Mit hängenden Schultern, ohne Bewegung, blieb Martha sitzen, schwieg. Unheimliche, bedrückende Stille.

Vogeler hörte sein Blut in den Ohren rauschen, vom Herzen in heftigen Schlägen in den Körper gepumpt.

Er wird ohne mich nicht leben können, sagte Martha. Nicht einmal bis ans Ende dieser Nacht.

Vogeler starrte auf die Umrisse des Frauenkörpers. Sein Herz arbeitete wieder ohne vernehmbares Geräusch, schmerzlos und ruhig, als habe es auf diese Mitteilung gewartet.

Und du? brachte er heraus.
Martha schwieg. Sie schwieg länger, als er ertragen konnte. Er meinte, in der nächsten Sekunde müsse es einen Donner geben, einen Knall, ein Erwachen, daß die vergangenen Minuten in den Bereich der Träume schob, aber er hörte sich nur langsam und deutlich sagen: Wenn du zu ihm mußt, dann geh.
Er sah, wie Martha aufstand, sich das Kleid überzog, die Haare zurechtstrich, an die Tür ging, die Tür schloß.
Er hörte die Treppenstufen unter ihren Schritten, er hörte das Öffnen der Dielentür und das Schließen.
Vogeler stand in der Mitte des Zimmers vor dem Platz, auf dem Martha gesessen hatte.
Er war allein.
Er ging aus dem Zimmer, aus dem Haus, aus dem Garten. Den ersten Weg entlang, der ihm unter die Füße kam.
Nichts hatte sich verändert. Die Bäume entlang der Straße blieben, wo sie immer waren. Am Boden lag Herbstlaub. Am Himmel trieben Wolken. Es nieselte. In einigen Häusern brannte Licht. In der Ferne hörte man eine Lokomotive.
Neben ihm, in einem Garten, fiel mit dumpfem Laut ein vergessener Apfel vom Ast auf den Boden.
In dieser Sekunde stirbt irgendwo auf der Welt ein Mensch. Kinder werden geboren. Paare lieben sich. Paare trennen sich. Die Erde dreht sich weiter. Was mir geschieht, kann jedem geschehen. Martha lebt. Tod wäre schlimmer. Man wird emporgehoben und fallengelassen.
Jeder Mensch hat ein Recht auf sich selber. Martha hat ein Recht auf ihr Leben. Das Leben ist so. Das Leben geht weiter. Kinder werden geboren …
Seine Gedanken drehten sich. Ihre Mitte hieß: Martha.
Weit vor dem Dorf, wo ihn niemand hören konnte, schrie er ihren Namen in die Dunkelheit: Martha! Martha! Martha!
Es blieb still.
Beschämt drehte er sich um und ging zurück. Lief, rannte, je näher er dem Barkenhoff kam. Eine irrsinnige, alle seine Sinne erfassende Hoffnung trieb ihn.
Er stürzte die Treppe zum gemeinsamen Zimmer nach oben. Es war leer.

Entwurf einer Tür

Noch nie war er so müde gewesen. So sterbensmüde.
Er nahm sein Bettzeug und legte sich im Zimmer der Kinder auf den Fußboden.

Die Gärten und Anlagen auf dem Barkenhoff waren zu der Vollendung gewachsen, die Vogeler sich erträumt hatte, als er die Setzlinge in den Boden brachte, Bäume pflanzte, Wege ebnete, das Becken für den Teich aushob, Hecken und Wege anlegte.
Mit weißen Mauern, gediegen und maßvoll, behauptete das Haus die Mitte. Es barg die Dinge – Bilder, Bücher, kostbare Gefäße – die ihm in vierzig Jahren liebgeworden waren. Es gab den Menschen, seinen Nächsten, Schutz und Wohnung, Raum.
Ein Schloß. In aller Fülle stand es leer, verwunschen.
Gespenstisch erschien es Vogeler. Wie ein Schiff, das selbst die Ratten verlassen, bevor es versinkt.
Dem Blick, der nur das Äußere sah, erwies sich alles unverletzt. Die Kinder wuchsen, Gäste kamen, Konzerte, Lesungen junger Dichter, Aufführungen von Stücken lockten, vielleicht stärker als in früheren Jahren: Der unwiderstehliche Sog fremden Unheils zog an.
Bäumer blieb auf dem Barkenhoff. Martha lebte mit ihm.
Gerüchte und Verdächtigungen, böses Gezischel gingen durch Worpswede.
Schadenfreude, Gehässigkeit.
Worte, Blicke, Gesten, ein Nichts und ein Dennoch, das auf den zielte, der ohnehin getroffen war.
Eine nette Drohne, die du fütterst unter deinem Dach, Vogeler! Schmeiß sie raus, Vogeler! Zeig ihnen, wer der Herr im Haus ist! Klare Verhältnisse schaffen! Ordnung!
Nein, nein, nein. Nochmals nein.
Wie sollte er die Kinder entbehren können. Marthas vertrautes Gesicht, selbst wenn es jetzt sich einem anderen zuwandte. Der Barkenhoff, entstanden um Martha, um den Kindern Heimat zu sein – sie hatten ein Recht auf ihn.
Er mußte es lernen zu lieben, ohne besitzen zu wollen. Er mußte zu der Freiheit gelangen, Marthas Glück mit Freude zu betrachten, auch wenn sie nicht mit ihm verbunden war. Er mußte sein Inneres gestalten, daß er frei wurde von Neid, von Mißgunst, von Trauer. Von der

Illustration zu Oscar Wilde
„Erzählungen und Märchen“, 1910

Verdächtigung, daß Marthas Neigung der Jugend galt, weil Bäumer mehr als anderthalb Jahrzehnte nach ihm geboren war.
Lange Zeit der Selbstgespräche: Nächte ohne Schlaf.
Wildes Aufbäumen der Hoffnung, es gäbe eine Umkehr. Ein Zurück zum Gewesenen. Zu Martha.
Auch die Hoffnung bezwingen lernen. Die Trugbilder, die ihn als Träume narrten.
Der tägliche Schmerz blieb. Kaum eine Stunde, in der das Herz nicht raste, stolperte. Aussetzte.
Wie kann man das aushalten, wunderte er sich.
Es war der Schmerz, der ihn am Leben hielt. Wenn er unerträglich wurde, seine Kraft überstieg, verließ er den Barkenhoff, nahm auswärtige Aufträge an. Er reiste viel.
Die Ziele waren ohne Belang. Entfernung vom Ort seines Jammers, der Anblick neuer Städte, die Gegenwart unbekannter Menschen schufen einen wohltuenden Abstand zu seiner lähmenden Verzweiflung.
Er fuhr nach Paris, nach Wien, in die Schweiz.
Am fremden Ort gelang es ihm am ehesten, wonach er sich sehnte: Marthas Sein ohne Vorwurf und Bitternis in sich zu bewahren.
Er zwang sich, andere Frauen anzusehen. Ihnen in die Augen. Ihre Schönheit aufzunehmen. Alles blieb Vergleich.
Nur ein einziges Mal rührte ein Mädchen ihn an. Sie arbeitete im Garten der kleinen Pension am Rande von Würzburg, wo er zwei Zimmer gemietet hatte. Warmer, sonniger September. Am liebsten saß er im Freien, auf der Terrasse, die Blätter mit den Entwürfen, die Zeichnungen mit Steinen beschwert, damit der Wind sie nicht davontrug.
Das Mädchen harkte im weitläufigen Garten das Herbstlaub zusammen, hob es in einen Ziehwagen, in dem sie es zum Komposthaufen brachte.
Als sie das Gefährt über eine Schwelle im Rasen nicht herüberbringen konnte, stand Vogeler auf und half ihr. Sie bedankte sich verlegen, lachte, sagte, daß sie Magdalena heiße, Leni genannt.
Freundlich und unbefangen sprach sie vom Wetter, vom Garten, von ihrer Familie, die einen kleinen Bauernhof bewirtschaftete. Sie sah ihm gerade ins Gesicht. Ein Lächeln blieb um ihre Augen.

Vogeler setzte sich an seinen Tisch. Er zeichnete weiter und vergaß die Gegenwart des Mädchens.
Plötzlich stand sie vor seinem Tisch, strahlte ihn an und sagte im Dialekt des Landstrichs: Ich könnt Sie alleweil ansehn!
Leni war kräftig gebaut, gebräunt von der Sonne eines langen Sommers. Die Haare, zum Kranz aufgesteckt, kräuselten sich über Schläfen und Stirn. Ihre vollen, festen Brüste – zwei warme, lebendige Kugeln. Sie mochte zwanzig Jahre alt sein. Ihre ganze Erscheinung strahlte Frische aus, Lebensmut, und da sie ihn ansah: Glück.
Sie fragte ihn nach seiner Arbeit, betrachtete, was auf dem Tisch lag, nahm ein Blatt in die Hand. In allem ganz selbstverständlich, als verbinde sie langjährige Vertrautheit.
Vogeler fühlte sich umgeben von einer wohligen Hülle aus Hinwendung, Zuneigung, natürlichem Anerbieten.
Immer wieder lächelte sie und sah ihn an. Eine Frau einen Mann: Ruhig, heiter, leise werbend.
Am späten Nachmittag räumte sie die Geräte aus dem Garten, verschloß sie in einem Nebengelaß.
Bevor sie ging, kam sie noch einmal zu ihm zurück, reichte ihm die Hand, drückte sie fest und bezeichnete die Lage ihres Hauses, ihres Zimmers.
Es war ein Angebot.
Am Abend fühlte er Sehnsucht nach Leni, nach ihrer Selbstsicherheit, ihrem vollen, jungen Körper. Lange hatte er keine Frau mehr umarmt.
Er verbot sich, seinem Verlangen nachzugeben. Es war sein letzter Tag in Würzburg. Warum sollte er ein Wesen beunruhigen, in ein Leben eindringen, das sich mit seinem nicht verbinden ließ.
Spät am Abend ging er in das Café, in das er des öfteren eingekehrt war. Die Kellnerinnen kannten ihn. Er spendierte Wein und trank mit ihnen, trank seine Sehnsucht herunter.
Am nächsten Morgen kam Leni draußen vorüber, als er beim Frühstück am Fenster des Wirtshauses saß. Beide nickten einander freundlich zu und grüßten. Vogeler wußte, es war kein Zufall, der sie vorbeigehen ließ. Bevor sie durch das Gartentor verschwand, drehte sie sich noch einmal um und suchte seinen Blick.
Bevor er abfuhr, schrieb er auf seinem Zimmer einen Brief an

Martha. Er vertraute ihr die seltsame, aufrührende Begegnung mit dem Mädchen Leni an.

In der Bibliothek, auf dem Bord, wo Vogeler seine Lieblingsbücher versammelte, fehlte die Ausgabe mit den Gedichten Heinrich Heines. Vogeler überprüfte alle Orte, an die er sie hätte verlegen können: Schreibtisch, Arbeitspult, Nachtschränkchen. Er fand sie nicht.
Im Garten sammelte Martha mit den Kindern die letzten Erdbeeren. Die Pflanzen fingen an zu ranken. Die längeren Ausleger reichten bis in die benachbarten Reihen. Vogeler knipste einige mit den Fingern ab. Nebenbei fragte er Martha, ob sie wüßte, wo sich das Heine-Buch befinden könne.
Sie richtete sich auf, sah ihn an und sagte selbstverständlich, Bäumer habe es zum Arbeiten gebraucht, sie hätte es ihm gegeben.
Ohne mich zu fragen?
Du bist ja sowieso nie da, antwortete Martha. Sie schob sich eine Haarsträhne aus dem Gesicht, bückte sich wieder, um unter den Blättern der nächsten Pflanzen nach späten Beeren zu suchen.
Die Mädchen, die den Wortwechsel schweigend angehört hatten, taten es ihr nach.
Vogeler drehte sich um. Er fühlte, daß er heftig würde, wenn er den Disput mit Martha fortsetzte.
Sie behandelt mich, als wäre ich gestorben, dachte er bitter. Der Nachlaß wird schon verteilt.
Am liebsten wäre er zu Bäumer gegangen, um mit energischen Worten sein Eigentum zurückzufordern.
Mein Eigentum, sagte er zu sich. Wie kleinlich du geworden bist, Vogeler. Meine Bücher, mein Haus, meine Frau. Und ohnehin ist nichts mehr meins. Höchstens die Erinnerung.
Er fühlte Wut in sich hochsteigen: Aber muß ich mir denn alles gefallen lassen? Können sie mit mir machen, was sie wollen? Gilt, was ich brauche, gar nicht mehr? Sie setzen auf meine Gutmütigkeit. Sie halten mich für zu schwach, um mich zu wehren, um auf meinem Recht zu bestehen. Sie treten, was ich fühle, mit Füßen.
Er war mit schnellen Schritten wieder bei Martha. Sie tat, als bemerke sie ihn nicht.
Martha!

Sie sah nicht auf, arbeitete weiter, als hätte sie nichts gehört. Martha, wie komme ich jetzt zu meinem Heine?
Ohne sich umzuwenden, mit einem Unterton in der Stimme, der seinen Zorn verstärkte, erwiderte sie: Bin ich deine Untergebene? Hol dir, was du brauchst.
Er wollte sie an den Armen nehmen und schütteln, damit sie ihm ins Gesicht sah, wenn sie ihn schon kränkte.
Papa! rief kläglich eines der Kinder.
Er lief aus dem Garten.
Der Tag war außergewöhnlich heiß wie die meisten dieses Sommers. Das Gras an den Wegrändern lag grau und verstaubt.
Vogeler ging quer über seinen Kartoffelacker, der sich an den hinteren Garten des Barkenhoff anschloß, auf den ovalen kleinen Hügel inmitten des Feldes zu. Ein paar Steinbrocken lagen dort, von Brombeergestrüpp überwuchert.
Hier war er allein.
Niemand würde ihn stören.
Er setzte sich, daß er die Sonne im Rücken hatte. Sie stand tief. Es war ihm wohl in der nachmittäglichen Wärme. Wiederkehrende Sehnsucht: So leben zu können. Nur Himmel, Erde. Eine Sonne, unter der immerwährend Sommer blieb. Eine südliche Insel. Fern von Europa. Fern von dem, was Fortschritt hieß.
Ein Leben in der Natur.
Die Früchte nehmen, die sie reichlich bot. Nicht mehr erstreben, als die tägliche Nahrung. Nicht nach morgen fragen, nicht nach gestern. Im Jetzt zu Hause sein. Mit Menschen leben, die weder Telefon kannten und brauchten noch Automobile. Vor allem ohne Besitz. Ohne Geld.
Die südliche Insel, der Traum, glich in seinen Vorstellungen Ceylon, die Menschen den Frauen des Urwalddorfes, die er beim Baden gesehen hatte.
Der Traum war verlockend, er rief ihn oft herbei. Er gab ihm Trost. Aber könnte er über vierzig Jahre seines Lebens verleugnen? Wie sollte es ihm gelingen, aus seinem Gedächtnis zu löschen, was sein Dasein bestimmt hatte: Martha? Die Kunst. Die Kinder. Der Barkenhoff.
Vogeler stand mit einem Ruck auf. Er ratschte sich den Unterarm an

einer Brombeerhecke auf. In zwei nadelfeinen Streifen trat Blut aus der Haut.
Martha hatte er verloren; er wußte es längst – für immer.
Die Kunst? Meine Kunst? Der ewigen Ranken und Girlanden war er überdrüssig bis zum körperlichen Widerwillen. Er meinte, die Rosenketten, die er in über zwanzig Jahren in die Platte gestichelt hatte, müßten ausreichen, aneinandergereiht den Erdball zu umspannen.
In den letzten Jahren hatte er gemalt, was ihm niemand bezahlte: die Bilder der Frauen, die sein Leben bestimmten. Seine Mutter. Martha. Ihre Mutter. Seine Töchter, die Mädchen, die künftigen Frauen. Nicht mehr seinem Empfinden gab er in ihren Gesichtern und Körpern Ausdruck. Er suchte nach dem, was aus ihren Gestalten sprach, was von ihrem eigenen Wesen Auskunft gab. Kaum jemand nahm von diesen Arbeiten Notiz. Nur Martha sagte kühl: Wenn es dir schlecht geht, malst du die besten Bilder.
Die Kinder? Er hoffte nicht, daß sie ihn verstanden. Die Kinder würden sich zur Mutter wenden.
Der Barkenhoff? Der Tempel seiner Liebe? Marthas Liebe war erloschen. Der Barkenhoff ein Haus wie andere auch. Ein teures Haus, das immer mehr Kosten verschlang, immer mehr Aufwand forderte. Und der Garten? Längst kein paradiesischer Ort mehr – ein Irrgarten, in dem man sich verfing.
Vogeler sah über die Kartoffelreihen, die um den Brombeerhügel herumliefen und sich wieder schlossen.
Wohin? Wohin?
Es gab kein Zurück. es gab kein Vorwärts. Es gab nur Enge, Stillstand und die Qual, in beiden gefangen zu sein.
Er ging zwischen zwei Reihen auf einen der Moorkanäle zu. Die lokkere Erde rieselte ihm in die Schuhe.
Als er den Kanal erreichte, dämmerte es. Auf dem Moorgraben schwamm eine Ratte. Die feuchte Nase, zwei blanke schwarze Augen. Das Tier tauchte unter. Nach einer Welle verebbten die Wellenkreise. Spiegelglatt lag die Oberfläche des Wassers, als hätte sie nie ein Hauch bewegt.
So, ohne Spur, könnte auch ich aus dem Leben verschwinden. Niemand braucht mich, niemand wird mich vermissen.
Meine Kunst ist tot; was ich vom Leben wollte – ohne Sinn.

Der Barkenhoff, 1910
Radierung auf Atlas

Er wandte sich wieder dem Dorf zu. Auf der Landstraße nach Bremen war Bewegung. Bauernwagen, der Omnibus fuhr in die Stadt. Geordnet, in Zweierreihen, ging eine Gruppe junger Männer. Sie sangen ein Marschlied.
Es war Krieg. Aus Drohungen und Hetzreden hinübergewechselt in Kolonnen junger Soldaten, die singend marschierten. Vogeler hatte es gelesen; seit Monaten waren die Zeitungen voll von Gerüchten, Hetzartikeln.
Die Würfel waren gefallen, die Entscheidung getroffen. Der Zustand unerträglichen Wankens gebrochen. Deutschland im Aufbruch. Vogeler seufzte. Deutscher Geist, deutsche Kultur gegen die Unkultur der Franzosen, der Russen, der Engländer – welch ein Unsinn! Er hörte Overbecks Stimme: Gegen Gauguin, gegen Molière, gegen den Louvre …
Vogeler sah den jungen Männern nach, die sich singend entfernten. Wahrscheinlich waren sie zur Nachtwache an der Brücke eingeteilt.
Wenn es einen höheren Sinn im Krieg gab, dann lag er darin, ein Volk bis aufs Äußerste zu fordern, alles Gemeine und Kleinliche auszumerzen. Daß eine Sache galt, ein hoher Geist, der die Beschränktheit des einzelnen Lebens durchbrach.
Ich melde mich freiwillig, dachte es in ihm. Um seinen Entschluß zu bekräftigen, sprach er es laut aus. Freiwillig!
Ich reihe mich ein in die Gemeinschaft meines Volkes. Ich lasse hinter mir, was mir mißlang. Worpswede, die Kunst. Martha. Die quälende, folternde, erniedrigende Bindung an Martha.
Energisch, mit schnellen Schritten, ging er auf den Barkenhoff zu. Gleich morgen melde ich mich zu den Oldenburgischen Dragonern, nahm er sich vor. Es dunkelte. Nur über dem Horizont lag ein schmaler Streifen in rötlichem Violett. Dort stieg hell ein Stern auf. Die Venus. Vogeler atmete tief. Er fühlte Erleichterung.

◈

Das Korn stand reif und gelb auf den Feldern. Die Äpfel an den Bäumen begannen sich zu röten. Der Sommer hatte seinen Höhepunkt überschritten, aber die Tage waren von verläßlicher Wärme.

Vogeler wachte jeden Morgen vor dem Wecksignal auf. Im Bett an der anderen Wand schlief Kurt, ein Freiwilliger aus Worpswede wie auch er. Das Giebelzimmer, gemeinsam gemietet, enthielt nichts Überflüssiges. Zwei Stühle, zwei Betten, Schrank und Tisch. Auf der Kommode neben der Tür eine weiße Waschschüssel, der dazugehörige Wasserkrug, das Schälchen für Seife.
Vogeler schlug das Federbett zurück, stieg leise aus dem Bett und trat ans Fenster. Draußen war es still. Sehr fern, sehr gedämpft, hörte er das Schnaufen einer anfahrenden Dampflok.
Er wandte sich um, goß Wasser in die Schüssel. Der Schlaf war traumlos gewesen. Kein Gedanke bedrängte Vogeler, der nicht zum einfachen, strengen Ablauf des Tages gehörte.
Morgenappell. Der Dienst, die Ausbildung.
Die Marschübungen, die die eigene Person zu einem kleinen, aber notwendigen Teil des Ganzen machten. Seinen Schritt denen der Nebenmänner anpassen, des Kameraden vor ihm. Ein großer Organismus, von den Zurufen des Kommandierenden gelenkt.
Die wohltuende, wissentliche Aufhebung des Selbst in der Gemeinschaft.
So waren die Anstrengungen zu ertragen, der Schweiß, der in den heißen Mittagsstunden unter der Mütze über Stirn und Nacken rann. Die geschwollenen, schmerzenden Füße in derbem Schuhzeug.
Vogeler genoß die täglichen Stunden, in denen der Dienst mit dem Pferd angeordnet war. Zwar waren ihm die meisten Dragoner im Militärischen an Kenntnissen überlegen, aber sein Umgang mit den eigenen Pferden zahlte sich aus.
Er erhielt ein besonders großes, schweres Tier zugewiesen, eigentlich zu ungeschlacht für das Reiten in der Schwadron. Trotzdem mochte Vogeler sein Pferd. Eine Stute in mittlerem Alter, zutraulich und gutmütig, die sich bereitwillig seiner Führung fügte. Dankbar empfand er die Gelassenheit, die der Körper des Tieres ausstrahlte. Es erinnerte ihn an das vertrauensvolle Anschmiegen kleiner Kinder.
Manche Arbeit, die den Stallburschen oblag, verrichtete er selber. Er striegelte und putzte das Pferd, brachte ihm Wasser.
Die Pferdestudien von Albrecht Dürer fielen ihm ein, die er in Bremen gesehen hatte. Seine eigenen Versuche. Die Droschkenpferde, die den Wagen durch den ceylonesischen Urwald gezogen hatten.

Von all dem galt nur noch die Gegenwart dieses Tieres. Seine Einordnung in die Schwadron. Der Dienst.
Ersehnte Sekunden, den müden, aufs Äußerste angestrengten Körper abends im Bett auszustrecken. Der Schlaf kam immer sofort. Zweifel und Ängste, die ihn früher begleiteten, schienen gebannt.
Der Freiwillige Vogeler erfüllte seine Pflicht, die Pflicht aller anderen war.
Nur das Jetzt galt. Der Tag, die Stunde. Vergangenheit und Zukunft waren ausgelöscht.
Ein Sonntagnachmittag durchbrach das schützende Gleichmaß. Einer der Offiziere wollte von Vogeler durch die Oldenburger Gemäldegalerie geführt werden.
Vogeler zeigte, sprach, erklärte. Sein Inneres mit Schwierigem beschäftigt: die Erinnerungen abzuwehren, Lebensfäden, die ihn an sein früheres Dasein banden.
Die Gemäldegalerie, in der seine Bilder hingen. Die Nordwestdeutsche Kunstausstellung vor fast zehn Jahren. Die große Goldene Medaille für Kunst und Wissenschaft, ihm hier überreicht.
Er brauchte diese Bindungen nicht. Unnütze Schlingen der Vergangenheit. Sprungbrett, von dem er sich abstieß.
Der Offizier merkte nichts von alledem. Er genoß es, von dem berühmten Künstler durch die Ausstellung geführt zu werden.
Am nächsten Morgen standen sie vor leeren Ställen. Die Pferde hatte man an die Front abtransportiert. Wahllos wurden neue Tiere herbeigeschafft. Ackergäule und solche, die Milchwagen, Omnibusse und Droschken gezogen hatten. Eilig wurden sie für den neuen Zweck zurechtgemacht und gesattelt.
Die Schwadron galt als ausgebildet. Sollte nach Osten, an die Front. Martha ließ ihn wissen, daß sie zur Verabschiedung mit den beiden größeren Mädchen nach Oldenburg fahren werde.
Als Vogeler in den Stall kam, um sein Pferd zu zäumen, fehlte am Kopfgeschirr das Trensengebiß. Es war gestohlen. Alle Reiter verließen mit ihren Tieren die Stände und traten auf dem Kasernenhof an. Vogeler blieb als einziger zurück. Er steckte dem Stallburschen Geld zu und beschwor ihn, für Ersatz zu sorgen. Er brachte schließlich ein neues Gebiß, aber das Mundstück erwies sich als viel zu klein. Zu zweit zwängten sie dem unruhigen Tier das Geschirr über.

Vogeler saß auf. In der Stalltür wieherte das Pferd laut auf und raste auf den Kasernenhof. Wie in Bildern eines zu langsam laufenden Filmes nahm Vogeler die festlich gekleidete, erwartungsvolle Menge wahr. Die Schwadron in Reih und Glied. Die abgesessenen Dragoner. Vor ihm tauchte die Kasernenhofmauer auf. Fest und unausweichlich. Vogeler hörte Schreie. Ein Knirschen. Der heiße Leib des Tieres rollte ihm über die Beine. Es blieb bewegungslos liegen. Erst als ihm das Kopfgeschirr abgenommen wurde, richtete es sich wieder auf. Man half Vogeler auf die Beine, klopfte die Uniform ab. Er schien unversehrt, nur der linke Fuß schwoll an.

Der Arzt schnitt den Stiefel herunter. Der zweite Zeh war gebrochen, ergab die Röntgenaufnahme. Vogeler wurde für vierzehn Tage dienstuntauglich geschrieben.

Schmachvolle Rückkehr nach Worpswede.

Vogeler blieb auf seinem Zimmer. Martha und die Mädchen gaben sich freundlich und besorgt. Bäumer ließ sich nicht sehen. Es fiel über ihn kein Wort.

Je länger er lag und grübelte, um so mehr schien Vogeler der Vorfall von gleichnishafter Bedeutung. Ein Narr zog in den Krieg. Eine Witzfigur. Der höhnische Satz tauchte in seinem Gedächtnis auf: Malen Sie lieber Ihre schönen Bilder, Vogeler.

Am vierten Tag nahm er die kurze, langzinkige Hacke, einen alten Sack und humpelte auf den Rübenacker. Er ließ sich auf die Knie nieder, grub mit kräftigen Hieben die Wurzeln aus dem Boden, legte sie in Reihen neben sich. War er am Feldrain angelangt, ging er zurück, trennte mit dem Haumesser das Blatt ab. Eine Arbeit, die ihn beruhigte.

Als er nach zwei Wochen in die Oldenburger Kaserne zurückkam, waren alle ausgerückt, die er kannte. Er fühlte sich unbehaglich, als Fremdkörper unter den jungen Männern, die seine Söhne hätten sein können. Er wollte hinaus, an die Front. In ein anderes Leben.

Ein Befehl wurde verlesen. Aus allen Truppenteilen sollten sich die Schneeschuhläufer zur Bildung eines eigenen Bataillons melden.

Vogeler trug sich ein. Schon am Tag danach ging der Transport auf die Reise.

Auf den Bahnhöfen spielten die Kapellen. Die Menschen entlang der Strecke rissen Mützen und Hüte vom Kopf und jubelten den Solda-

ten zu. Letzte Herbstblumen wurden ihnen zugeworfen. Rotbäckige Äpfel.
Vogeler fühlte in der allgemeinen, freudigen Erregung seine eigenen Empfindungen: Das deutsche Volk war im Aufbruch. Geeint durch gemeinsamen Willen. Zum Kampf. Zum Krieg. Zum Sieg.

Das ersehnte Tauwetter brachte aufgeweichte Wege, Matsch und Schlamm, aber vor allem versprachen die längerwerdenden Tage Wärme, Sonne, Aufleben der Natur.
Vogeler hob einen Eimer Wasser aus dem Ziehbrunnen und säuberte mit einer Bürste den großen, eisernen Kessel. Konserven lagen bereit. Er bereitete für die Kameraden, die Schützengräben aushoben, ein Abendessen vor. Wer mit Vogeler ein Quartier bezog, galt als Glückspilz.
Mit jeder Sendung, die die Truppe erreichte, kamen Feldpostpakete für Vogeler. Von Freunden, von Bekannten, aber mehr noch von Menschen, die er nie gesehen hatte. Sie schickten Fleischkonserven, pulverisierte Milch, Kaffee, Kerzen, Zigaretten, Wein und Schokolade. Von allem so reichlich, daß er seinen Kameraden abgeben konnte.
In den meisten Paketen lagen ein paar Zeilen, in dem Vogeler zu dem Entschluß gratuliert wurde, in den *Heiligen Krieg* als Freiwilliger zu ziehen. Ein ungutes Gefühl verband sich mit dem Empfang dieser Dinge. Nicht der Krieg war ihm heilig. Heilig war ihm der Aufopferungswillen der Soldaten für ihr Vaterland.
Vogeler schichtete auf der Feuerstelle dürres, vorjähriges Reisig auf und hielt das Flämmchen eines Zündholzes daran. Das Feuer schlängelte hoch. Er blies vorsichtig dagegen. Es brannte und prasselte. Vogeler hielt die Hände zur Wärme.
Ich bin für mein Heil in den Krieg gezogen, für meine eigene Heilung. Das war unwichtig geworden, kleinlich. Jetzt war er auf seinem Posten. Jetzt hatte er seine Pflicht zu erfüllen. Zeichner im militärischen Dienst. Vogelers Beobachtungsgabe ließ aus den Zahlen auf Stabskarten, aus Geländebeobachtungen und aus der Kenntnis der Struktur einer Landschaft eine exaktere Wahrnehmung entstehen, als es den Offizieren möglich war, die ihn befehligten. Zufrieden lobten seine Vorgesetzten die genauen Geländeskizzen.

Ein trockenes Knacken, das nicht vom Feuer kam. Vogeler fuhr herum.

Er blieb bis zum späten Abend allein. Vor dem Haus, neben der Herdstelle, ein günstiges Ziel für die russischen Scharfschützen. Er sah hinter das Holzhaus und in den einzigen Raum der Hütte mit dem riesigen Ofen.

Vogeler entsicherte den Karabiner und schritt den Umkreis des Hauses ab. Nichts. Kein Mensch. Kein Laut.

Vielleicht war ein Stück trockener Rinde abgeplatzt. Vielleicht hatten ihn seine Nerven, stets angespannt, genarrt.

Die Gruppe aus den Gräben kam müde und verdreckt vorzeitig zurück. In der Nähe hatte es eine Schießerei gegeben. Die Arbeit wurde abgebrochen.

Vogeler beeilte sich, mit dem Essen fertig zu werden. Er schnitt Zwiebelstücke in die Fleischsuppe. Unter dem Vorbau der Hütte gab es einen reichlichen Vorrat der runden, gelben Knollen. Im Herz einer Zwiebel saß schon eine winzige, grüne Spitze. Das ist der Frühling, dachte Vogeler, seltsam berührt.

Die Männer fluchten gereizt. Erst als Vogeler die Suppe ausgeteilt hatte, als sich nach dem Essen die ersten ihre Pfeifen in Brand streckten, änderte sich die Stimmung.

Der Nachbar zur Linken zog aus der Innentasche seiner Uniform eine zusammengekniffte Zeitung und reichte sie Vogeler hin.

Hier, Vogeler, du bist mal wieder berühmt. Hat mir ein Kamerad aus der Nachbarabteilung gegeben.

Vogeler faltete die Zeitung auseinander. Die war illustriert. Neugierig kamen zwei, drei Männer näher und blickten ihm über die Schulter. Einer klopfte ihm auf den Rücken: Laß man, solange dein Ruhm für uns so nahrhaft ist ...

Vogeler starrte auf eine Fotografie, auf sein Abbild. Der Künstler bei den Dragonern in Oldenburg. Im Pferdestall, eine Mistgabel in der Hand. Er überflog den Text.

Ein Zeichner, der in Europa nicht seinesgleichen hat – in stolzer Erfüllung seiner vaterländischen Pflicht –, ein leuchtendes Beispiel für alle schlappen Intellektuellen, diese alten Weiber in Männerhosen. Groß in der Kunst und groß im Krieg – ein deutscher Maler im Kampf gegen die verdorbene französische Kultur, gegen die falschen und tückischen Russen –, ein Künstler bewährt sich im Krieg, der hehren und heiligsten Äußerung menschlichen Handelns ...

Vogeler stand mit einem Ruck auf. Der Holzklotz, auf dem er gesessen hatte, kippte um.

Das Zeitungsblatt schmiß er auf den Boden. Widerlich! sagte er laut.

Einige Männer lachten.

Du weißt doch, Kamerad, Papier ist geduldig.

Vogeler verließ die Runde. Er wollte allein sein. Die Sonne stand kurz über dem Horizont, gleich würde sie hinter dem bewaldeten Hügel verschwinden. In den Karpaten kam die Dunkelheit rasch. Das lange, nördliche Dämmerlicht gab es hier nicht.

Es drängte Vogeler zu laufen. Den Berg hinauf und ins nächste Tal. Die Vernunft gebot, in der Nähe der Siedlung zu bleiben. Ein Ausflug ins Unbekannte könnte tödlich sein.

Vor allen Hütten des Dorfes brannten die Feuer der Soldaten. Nur drei Einheimische waren im Dorf geblieben. Ein altes Bauernpaar und seine Tochter. Eine junge Frau, die krank war oder irre. Nie verließ sie ihr hölzernes, kastenförmiges Bett. Wenn die Sonne schien, trugen die Alten sie auf ihrem Lager nach draußen, auf den Vorplatz der Hütte.

Die Kranke hatte ein schmales, bleiches Gesicht, das Haar in der Mitte gescheitelt. Ihr Blick war nach innen gerichtet. Sie sprach nicht. Manchmal lächelte sie verklärt.

Die Soldaten, des Anblicks von Frauen lange entwöhnt, nannten sie Madonna.

Vogeler ging am Haus der Alten vorbei. Madonna war nicht zu sehen.

Die drei Menschen waren die einzigen F e i n d e, die Vogeler von Angesicht kannte. Und die grauen, müden Reihen der russischen Gefangenen auf den Sammelplätzen. Manchmal beneidete er sie. Sie hatten schon alles hinter sich.

Vogeler brach einen Zweig eines ihm unbekannten, rötlich schimmernden Strauches ab. Winzige Blättchen drängten sich aus den klebrigen Knospen.

Der Krieg ist gewonnen, ehe das Laub von den Bäumen fällt ... Satz des deutschen Kaisers im Sommer des vergangenen Jahres. Jetzt bereitet sich schon das neue vor.

Vogeler seufzte. Papier ist geduldig.

Unter den Offiziersburschen des Stabes gab es einen Neuling. Einen jungen Mann von etwa zwanzig Jahren.
Vogeler betrachtete ihn gerne. Sein großzügig geschnittener Kopf schien widerstrebenden Eigenschaften Ausdruck zu geben. Sanfte, braune Augen mit langen, beinahe mädchenhaften Wimpern. Eine hohe, entschlossene Stirn unter welligem Haar. Energischer Mund, umgeben von den fast noch kindlichen Linien der Wangen und des Kinns.
Er hatte einen aufrechten, federnden Gang, der nicht militärisch wirkte, eher vornehm, als sei er auf Tennisplätzen und Golfrasen zu Hause.
Karl stammte aus einer Tagelöhnerfamilie im Dresdener Raum. Sein Vater starb, als der Junge sieben Jahre alt war.
Er mußte mit der Mutter auf dem Gutshof arbeiten. Drei kleine Geschwister waren zu versorgen. Manchmal, wenn gar kein Brot da war, keine Kartoffeln, wurde er betteln geschickt.
Vogeler war der einzige, der dem jungen Mann zuhörte. Unter seinen Kameraden wurde er verhöhnt, als Sonderling schikaniert, weil er in jeder freien Minute in der Bibel las. Seine Mutter hatte ihn mit dem Neuen Testament das Lesen gelehrt.
Abends kam Karl oft und suchte Vogelers Gesellschaft. Er nahm die Bibel mit.
Hilft sie dir? Vogeler wies auf das Buch.
Es ist das Buch der Wahrheit, sagte der Junge fest.
Ich habe gelernt, daß es mehrere Wahrheiten gibt, wandte Vogeler ein.
Aber es gibt nur eine Gerechtigkeit, rief der Junge erregt. Und die muß von Gott kommen! Woher sonst?!
Vogeler schwieg.
Meine Eltern haben von früh bis spät gearbeitet. Ich arbeite seit meinem sechsten Lebensjahr. Warum sind wir immer arm geblieben? Warum müssen wir marachen, und es reicht nicht zum Sattessen. Warum? Warum müssen wir im Krieg sterben? Warum die Franzosen? Die Belgier, die Russen?
Sie saßen auf einer kleinen Anhöhe im Gras. Karl schlug mit der Hand auf den Boden neben sich. Es war dunkel geworden, nur im Westen stand über dem gewellten Horizont ein schmaler, heller Streifen. Ein Nachtvogel schrie.

Gott hat die Welt so eingerichtet, wie sie ist, versuchte Vogeler zu beschwichtigen. Es war ihm nicht wohl dabei.
Nein, widersprach der Junge. Gott ist Gerechtigkeit. Und Gott muß auf der Erde walten. Tut er es?
Vogeler wußte keine Antwort. Er verstand, was den Jüngeren quälte. Vielleicht war es erträglicher, mit einem Gott um Klarheit zu ringen. Vielleicht gab gerade der Zweifel dem jungen Menschen Halt.
Seltsam hatte ihn der Krieg mit diesem Jungen verbunden. Für Karl war Vogeler ein älterer Kamerad, dem man vertrauen konnte, der zuhörte, den der Krieg nicht verroht hatte. Von dem berühmten Maler Vogeler wußte er nichts.
Die Freundschaft mit dem angesehenen Älteren schränkte die Grobheiten der Mannschaft gegen Karl ein wenig ein. Trotzdem kam er einmal mit geschwollenem Gesicht, ein andermal mit den Spuren eines Lederriemens auf dem Arm.
Warum wehrst du dich nicht, fragte Vogeler.
Ein Christ schlägt nicht zurück.
Karl stand mit hängenden Schultern. Vogeler wußte, was ihn bedrängte: Daß Christenmenschen einander umbrachten, daß sie das göttliche Gebot verletzten.
Dankbar dachte Vogeler, daß seine Kinder als Mädchen geboren waren. Sie würden nicht in diese Nöte geraten. Sie würden nicht töten müssen.
Für Vogeler bildeten die Gespräche mit Karl eine Insel, auf der lebendig blieb, was ringsum versank. Suche nach Gerechtigkeit. Nach Lebenssinn. Sprechen und Zuhören. Jemandem vertrauen. Freundlich sein. Friedlich.
Voller Neugierde, gespannt und erregt, nahm Vogeler auf, was der Jüngere von der Seele reden mußte. Dieser Sohn eines Tagelöhners, der in der Dorfschule kaum mehr als rechnen und schreiben gelernt hatte. An eine Ausbildung war ohne Geld nicht zu denken. Ich wär so gern Schlosser geworden, sagte Karl. Das Technische, das hat Zukunft.
Er schlug sich als Gelegenheitsarbeiter durch. Straßenfeger, Pförtner, Diener. Lastträger und Pferdeknecht. Die Verhältnisse, in denen er gelebt, die Dinge, die er gesehen hatte, betrachtete er in einer ungewöhnlichen eigenen und kritischen Weise, die Vogeler erstaunte. Karl

fand sich nicht damit ab, daß es Arme gab und Reiche. Mächtige und Ohnmächtige.
Vor Gott sind alle gleich, gehörte zu seinen Grundsätzen. Das hieß für ihn gleiches Recht für alle Menschen. Recht auf der Erde. Recht auf Leben. Warum ist das nicht so? Wer ist schuld daran? Unablässig bedrängten ihn Fragen.
Wenn der Krieg vorbei ist, mußt du studieren, sagte Vogeler. Du bist begabt. Du kannst denken.
Denken kostet nichts, erwiderte der Junge bitter. Zum Studieren braucht man Geld.
Ich helfe dir, erwiderte Vogeler. Das ist versprochen.
Es gefiel ihm, Pläne für den Jungen zu machen. Das Studium würde er für ihn bezahlen, vielleicht in Göttingen. Oder Hamburg. Für gute Verbindungen sorgen ... Er könnte Rechtswissenschaft studieren, Medizin. Oder Ingenieur werden.
Er dachte für ihn wie für einen Sohn.
An einem Nachmittag im September wurde Vogeler aus der Unterkunft gerufen, die als Schreibstube diente. Draußen stand ein keuchender Soldat in aufgerissener Uniformjacke.
Du sollst kommen, Kamerad, er hat nach dir gerufen.
Vogeler stellte keine Frage. Außer Karl gab es niemanden, der nach ihm rufen würde.
Ein Blindgänger, stammelte der Soldat im Laufen neben ihm. Er hat ... er ist ...
Die Granate, die vielleicht schon wochenlang auf dieser Lichtung lag, durch irgendeine Berührung zur Zündung gebracht, die eines Zweiges, die eines Tieres, hatte bei ihrer Explosion einen Krater in den Boden gerissen. Am Rande des Kraters, schon von weitem, sah Vogeler Karl.
Genau und ohne Gnade, wie durch die Linse eines fotografischen Apparates, drang das Geschehene in sein Hirn.
Die Detonation hatte den Jungen gegen die untere Astgabel einer zersplitterten Birke geprellt. Dort hing er, die Beine wie tänzelnd eine Handbreit über den Boden gehoben. Der Leib in der Mitte nach hinten gebogen. Das geputzte Koppel glänzte. Der rechte Arm weit erhoben, wurde in der Beuge von groben Holzsplittern gehalten. Der andere Arm war an der Schulter abgetrennt, er baumelte in der Uniformjacke. An seiner Stelle spießte ein Ast in die Luft.

Der Kopf hing zur Seite. Der offene Mund über dem Kinderkinn. Mit weit aufgerissenen Augen starrte der Junge in den Himmel, wo sein Gott wohnte.
Karl war tot.
Vogeler fühlte, wie seine Knie zu zittern begannen. Der Rumpf, die Arme, der ganze Körper. Klappernd schlugen die Zähne aufeinander. Seine Eingeweide wurden zusammengepreßt, der Magen krampfte sich. Vogeler erbrach, an einen Baum gelehnt, die Reste des Mittagessens. Fleischfasern, Kartoffelstücke, sauren Kohl. Dreimal, viermal schleuderte der Magen alles Aufgenommene heraus. Zuletzt nur noch scharfen, bitteren Schleim und Galle.
Er kotzt. Was er kotzt, hörte Vogeler den Soldaten neben sich hilflos sagen.

Die Schafe hatten gelammt. Die Muttertiere säugten die Jungen. Dritter Frühling im Krieg.
Im Hinterland, in den besetzten Gebieten, bereiteten die russischen Bauern wie jedes Jahr den Boden für die Saat vor. Pflügen, Eggen und Striegeln. Mit der Saatmulde über den Acker. In weitem Bogen das Getreide auswerfen. Gerste, Buchweizen, Roggen.
Vogeler hielt sich bei seinen Erkundungsgängen länger in der Nähe der Dörfer auf, als er zur Anfertigung der militärischen Karten brauchte. Der Anblick alltäglicher, bäuerlicher Arbeiten zog ihn an. Sie schienen ihm ebenso hoffnungsvoll wie widersinnig.
Der Verlauf der Front konnte sich ändern, sie würde niederwalzen, was gewachsen war. Geschütze, Wagen, Pferdehufe und Soldatenstiefel die Ernte vernichten.
Vogeler seufzte.
Erde – damit verband sich nicht mehr: gehen über Gras, blühende Kastanien, der würzige Geruch beim Pflügen. Erde, das war der Schützengraben, die tiefe Rinne, in den Boden gekratzt in der irrsinnigen Hoffnung, den Angriff zu überleben, den nächsten Vormarsch, den Krieg.
Auf einem großen Stein sitzend, den höchsten Punkt einer Bodenwelle, betrachtete Vogeler eine Bauernfamilie, die im Gartenland hinter ihrer Hütte Kartoffeln legte. Der Mann zog die Furche. Die Frau nahm die Knollen aus dem Weidenkorb und warf sie in regelmäßigen

Motiv aus den Karpaten, 1918
Zeichnung für eine Postkarte

Abständen ein. Ein älteres Kind ging hinter ihr und trat das Saatgut in den Boden, zwei kleinere spielten am Zaun mit einer Katze.
Alle trugen die einfache, aus grobem, selbstgewebtem Leinen genähte Kleidung. Farben zwischen Ocker und fahlem Gelb.
Er zog ein Blatt Papier aus der Kartentasche und skizzierte die Bauernhütte. Ihre Lage am Hang. Die Wände des Blockhauses aus Stämmen gefügt. Das hohe Schilfdach, unter dem das Heu für den Winter lagerte. In der Nähe ein eingezäuntes Viereck für die Schweine. In der Mitte ein an vier Stämmen befestigtes Strohdach zum Schutz vor Sonne oder Regen.
Die Erlen am Wegrand, in der Niederung waren noch blattlos. Vogeler betrachtete sie von Nahem. Die festen, länglichen Kätzchen verfärbten sich schon. In wenigen Tagen würden sie blühen.
Er sah zurück zu der Bauernfamilie. Sie standen am Rande des Kartoffelfeldes. Der Mann rauchte. Die Frau massierte sich den Rücken. Vogeler war selbst oft so über seinen Worpsweder Acker gegangen. Die Frühjahrsarbeit brachte Kreuzschmerzen und geschwollene Füße mit sich. Vogeler malte sich aus, wie diese Menschen, wenn es dämmerte, in ihr Haus gingen, zu Buchweizengrütze, Brot oder Kartoffeln. Nach dem einfachen Mahl – der Schlaf. Tief, fest, erfrischend. Vogeler verstaute Zeichenblatt und Stift in der Kartentasche. Ihn floh der Schlaf, trotz Übermüdung, trotz der Anstrengungen.
Nein, es stimmte nicht. Er floh den Schlaf. Er fürchtete die Träume, die er mit sich brachte. Wenn sein Denken ausgeschaltet war, überfielen ihn die Bilder, die er im Wachen aus seinem Gedächtnis zu drängen versuchte: zerrissene Körper im Stacheldraht der Befestigungen, ausgequollen, stinkend, die Beine in die Luft gestreckt. Weinende, verschreckte Kinder, von den Flüchtenden hinter sich hergezerrt.
Seit Wochen wiederholte sich ein Alp, gräßlicher als alle anderen Traumgesichter: Er sitzt in einem reinlichen Raum, an einem sauberen, gescheuerten Holztisch. Vor ihm eine seltene Blüte, die er zeichnen will. Er freut sich über das weiße Papier, den sorgfältig gespitzten Stift. Ehe er zur ersten Linie ansetzen kann, wird er nach draußen gerufen, vor die Tür. Soldaten ziehen vorbei. Endlose Reihen, vom einen Ende des Horizonts bis zum anderen. Ihre Füße verursachen ein eigenartiges, schurrendes und kratzendes Geräusch. Die Soldaten

sind ganz jung, manche noch ohne Bartwuchs. Sie sind aus Fleisch und Blut, lebendig, aber Vogeler weiß, es sind die Toten dieses Krieges. Er fühlt sich am Arm gezogen, wird zu einer Anhöhe gestoßen. Drohend umzingeln ihn die Männer.
Da ist er, der Freiwillige. Er ist schuld, schreit einer. Es ist ein Signal. Die Soldaten stürmen heran. Sie bewerfen ihn mit Erde, mit Steinen. Unter den Herandrängenden sieht er Paula, weiß gekleidet, mit einem Kind auf dem Arm. Er will ihr entgegen, sie umarmen. Er faßt sie an. Kaltes, weiches, lebloses Fleisch.
Sie sind schuld, Vogeler, sagt Paula und verschwindet. Von allen Seiten prasseln Steine und Erdbrocken auf ihn nieder. Ein Haufen, unter dem er lebendig begraben wird. Er kann nichts mehr sehen, nicht mehr atmen, nur den Schrei muß er hören, ohne sich die Ohren verstopfen zu können: Der Freiwillige, er ist schuld!
Vogeler kauerte sich in den Graben am Wegrand. Er massierte die Schläfen mit beiden Händen. Was sollte das werden, wenn es ihm auch tagsüber nicht mehr gelang, sich dieses Traumes zu erwehren. Es muß ein Ende haben. Es muß! Es muß! Der Krieg muß ein Ende haben. Er nahm seine Tasche und stolperte den Weg entlang, ins Quartier.

Der Auftrag, der Befehl, lautete: Unteroffizier Vogeler, Sie sind Kunstmaler. Sie haben ein Plakat zu malen für die Kriegsanleihe.
Zu Befehl, Herr Major.
Vogeler war seit Stunden allein im Quartier. Auf dem Tisch lagen Farben, Papier. Vogeler lief im niedrigen Raum auf und ab. Auf und ab. Voller Verzweiflung betrachtete er das Malgerät. Zum ersten Mal haßte er seinen Beruf. Daß der militärische Zeichner Geländeskizzen für den Stab anfertigte, nach denen der Kampfverlauf geplant wurde, gehörte zu seiner Pflicht. Handwerksarbeit.
Aber jetzt wollten sie ihn zwingen, seine Kunst, das Erfinden von Formen und Farben, den Umgang mit ihren Gesetzen und ihr freies Spiel, für den Krieg zu mißbrauchen. Für neues Morden. Für noch mehr Tote. Noch mehr Leid.
Oder war es gar nichts anderes? Nach seinen Skizzen wurde der Frontverlauf bestimmt, wurde entschieden, wo gestorben werden sollte. Vogeler blieb stehen und sah aus dem Fenster. In spärlichen

Streifen lag Schnee in der Landschaft, deren Konturen von der Dämmerung langsam aufgelöst wurden. Das neue Jahr zählte erst wenige Tage. Noch ließ sich nicht erkennen, daß die Sonne ein paar Minuten länger am Himmel stand.
Auch ein Mensch müßte so verlöschen können wie Licht, wenn er sein Leben nicht mehr ertragen kann. Langsam aufgehoben werden in der Dunkelheit. Im Nichts.
Er wandte sich um. Weiß, fordernd, feindlich schimmerte das Papier aus der Mitte des Raumes.
Kriegsanleihe! Der Staat forderte seine Bürger auf, ihr letztes Geld für wertlose, bunte Scheine zu geben, damit der Krieg weiter toben konnte. Wer war der Staat – der Kaiser? Das Reich? Die Regierung? Das Volk?
Das Volk sollte zahlen, damit noch mehr Väter, Söhne, Brüder sterben? Damit sie immer weiter schießen, plündern, verbrennen konnten? Es ist zuviel von mir verlangt!
Laut ausgesprochen, schien der Satz an den Wänden des Quartiers hängenzubleiben. Es ist zuviel von mir verlangt. Aber wo, wo war ein Ausweg?!
Wenn es einen Menschen gäbe, dem er sich anvertrauen könnte. Wenn Karl noch lebte. Jetzt wurde er von seinem Gewissen genauso gepeinigt wie damals der Junge.
Karl hätte den geheimen, bohrenden Gedanken sagen dürfen: Die Russen, das Volk, hatten den Zaren verjagt, eine eigene Regierung gegründet. Ihre erste Botschaft war: Frieden!
Zeugte das nicht von höherer Moral? Von wahrem Christentum? Lag das Recht bei denen, die sie als Feinde bekämpfen sollten?
Aber die Russen hatten alles auf den Kopf gestellt. Das Land gehörte den Bauern, die Fabriken den Arbeitern. Sie, die ungebildeten, die unteren Schichten wollten den Staat verwalten, Regierungsgeschäfte führen. Wahnwitziger Gedanke.
Aber von ihnen, gerade von ihnen kam der Ruf nach Frieden!
Es ist zuviel von mir verlangt.
Auftrag hieß Befehl. Auf Befehlsverweigerung drohte der standrechtliche Tod durch Erschießen.
Vogeler machte Licht. Er setzte sich an den Tisch und zeichnete. Die Umrisse einer Bäuerin. Bloße Füße in Holzpantinen. Die linke Hand

hielt einen Spaten, die andere war an die Stirn gelegt, als wenn die Frau Ausschau hielte. Die Heimat ruft! schrieb er in die obere Hälfte des Blattes. Er umrandete das Motiv mit kräftigen Strichen. Aber das war kein Plakat für die Kriegsanleihe. Die Bäuerin konnte deutsch sein, belgisch, russisch.

Voller Abscheu gegen sich selber, gegen seinen Beruf, der ihn zu solcher Untat zwang, schrieb er in Druckbuchstaben oben auf den Bogen: Zeichnet Kriegsanleihe!

Vogeler drehte das Blatt um. Er konnte dessen Anblick nicht ertragen. Erschöpft blieb er am Tisch sitzen, als hätte er einen Gewaltmarsch hinter sich.

Der Major betrachtete lange den Entwurf. Nahm ihn in die Hand, legte ihn auf den Tisch, betrachtete abwechselnd mißmutig Vogeler und den Papierbogen.

Vogeler nahm Haltung an, trug eine Bitte vor. Es fehle ihm hier an geeigneten Modellen. Er bitte darum, vierzehn Tage Heimaturlaub zu erhalten, damit er einen besseren Entwurf liefern könne.

Seinem Wunsch wurde stattgegeben. Er erhielt einen Urlaubsschein, seine Militärfahrkarte.

Das winterliche Worpswede. Freundlich, schwesterlich empfing ihn Martha. Seine Töchter kamen scheu, sahen mit großen Augen den Vater an, ihnen fremd geworden.

Vogeler, anders als bei früherem Aufenthalt, mochte nicht erzählen. Keine Frontberichte.

Er ging in die Bibliothek und schloß hinter sich zu. Erst am Arbeitsplatz, der vertrauten Nische zwischen Bücherschrank und Fenster, löste sich die Spannung.

Viel zu lange hatte er gedient, gehorcht, geduldet. Jetzt mußte er handeln. Erlösung kam nur durch Mut.

Er nahm ein Blatt Papier und schrieb. Er schrieb ein Märchen.

Ein alter, armseliger Mann geht am Weihnachtsabend über die belebtesten Plätze in Berlin. Er verteilt Flugblätter, auf denen steht: Friede auf Erden und den Menschen ein Wohlgefallen.

Der alte Mann ist niemand anderes als der liebe Gott. Polizisten ergreifen ihn und erklären ihn des Landesverrats schuldig. Er wird erschossen. Gott ist tot.

Aber Gott ersteht wieder, weil er an die Menschen glaubt. Er geht zu

den Armen, den Geplagten, denen der Krieg nur Unheil gebracht hat. Er lehrt sie, daß die Reichen und die Generäle am Krieg und an ihrem Leid schuld sind. Das Volk erkennt, daß alle Waffen Mordwaffen sind und hält sie nicht länger für heilig.
Gott aber geht zum Kaiser und fordert Frieden, Aufbau statt Zerstörung, er verlangt vom Kaiser, er solle sich dem Willen des Volkes beugen.
Vogeler überflog die Zeilen. Ja, das war es, was er sagen mußte. Über das Märchen schrieb er die Anrede: An den Kaiser. Protest des Unteroffiziers Heinrich Vogeler.
Ohne Zögern versah er einen Briefumschlag mit der Adresse des Kaisers. Würde der Kaiser reagieren? Gelangte der Brief einer Privatperson überhaupt bis zum Allerhöchsten, oder wurde er in Ämtern abgefangen, um nicht zu beunruhigen? Landete er im Papierkorb einer Dienststelle?
Vogeler nahm ein neues Blatt und schrieb den Text noch einmal ab. Die Abschrift adressierte er an seinen Vorgesetzten, an den Mann, der das Plakat für die Kriegsanleihe von ihm gefordert hatte. Vogeler bat um Weiterleitung seines Protestes an das Oberkommando der Armee.
So war es richtig. Vogeler mußte lächeln: Der Dienstweg eingehalten. Diese Post würde nicht verloren gehen.
Er wollte vernommen werden, offen und öffentlich sein Nein zu den sinnlosen Nöten sagen.
Er nahm seinen Mantel und ging aus dem nächtlichen, stillen Haus auf die Straße und warf den Brief in den nächsten Postkasten ein. Er wandte sich um und atmete tief auf. Es war vollbracht. Er hatte getan, was getan werden mußte, was sein Gewissen forderte.
Eine Last, die ihn jahrelang bedrückte, fiel von ihm ab. Er fühlte sich frei, leicht, glücklich.
Vielleicht war den Frauen so zumute, wenn sie nach Anstrengungen und Schmerz ihr Kind geboren hatten und seinen ersten Schrei hörten. Vogeler wußte – auf ihn wartete der Tod. Sein Brief an den Kaiser bedeutete Verrat am Krieg, bedeutete Tod durch Erschießen.
Ruhig ging er durch das schlafende Worpswede zum Barkenhoff zurück. Er fürchtete sich nicht. Er war fünfundvierzig Jahre alt, in der Mitte des Lebens. Er liebte es wie alles Lebendige. Der Brief war Vernunft und Lebenstat. Wichtiger als Kunst, als Ruhm. Er fühlte sich

Schutz der Kinder, um 1916/20
Entwurf zu einer Radierung „Vision“

dem *Wahren* wieder nah. Wenn er dafür sterben mußte – er war bereit.

Vogeler lauschte auf die Töne und Geräusche, die der Nacht vorausgingen. Schlurfende Schritte zur Toilette. Wasserrauschen. Klappern von Nachtgeschirren. Die Türen wurden geschlossen. Wärter forderten zum Schlafen auf, verbaten sich Störungen.

Dreimal pochte es an die Tür zu Vogelers Isolierzimmer, das Zeichen, daß er im Aufsichtsraum erwartet wurde.

Als Vogeler kam, schob ihm der alte Pawlowitz seine Dose mit dem Pfeifentabak über den Tisch. Der Nachtwächter hatte die Siebzig überschritten, wirkte aber außergewöhnlich kräftig und gewandt.

Na, Vogeler, das wird Ihre letzte Nacht in diesen Mauern. Morgen früh haben Sie es überstanden.

Wenn nichts dazwischenkommt, erwiderte Vogeler zerstreut.

Er fühlte sich zerschlagen und leer, ohne jede Kraft.

Am Morgen war er zur Hauptprüfung vorgeführt worden. Sie entschied, ob er nach drei Monaten auf der Beobachtungsstation für Geisteskranke als harmloser Irrer entlassen wurde oder eingesperrt blieb.

Vogeler antwortete auf alle Fragen, wie er wirklich dachte, wie es im Brief an den Kaiser stand, dessen Text ihn in die geschlossene Anstalt gebracht hatte. Der Krieg ist ein Verbrechen. Er muß beendet werden. Die Mächtigen im Land haben schuld an diesem Morden. Jeder einzelne muß jetzt Aufbauwerk leisten, damit das Gift der Zerstörung aus dem Leben der Völker verschwindet.

Mit unbewegten Gesichtern hatte die Kommission seinen Antworten zugehört. Vogeler sprach mehr aus, als die oberflächlichen Fragen verlangten. Vorrecht derer, die zu Irren erklärt sind, die Wahrheit ungestraft aussprechen dürfen, aber es war ihnen auch das Recht genommen, an der menschlichen Gesellschaft teilzunehmen.

Nach der Befragung bedeutete ihm eine Geste des leitenden Arztes, daß die Untersuchung zu seinen Gunsten ausgefallen sei. Oder legte Vogeler sie nur so aus? Deutete er hinein, was er hoffte?

Er wurde in sein Zimmer gebracht. Vogeler legte sich aufs Bett, scheinbar gelassen. Er sah an die weiße Zimmerdecke. Nervös fingerte er am Kragen seiner Anstaltsjacke. Er konnte die Hände, die Finger nicht zur Ruhe bringen.

Ein Weinkrampf überfiel ihn, schüttelte ihn, die Muskeln verspannten sich, er wurde des Schluchzens nicht Herr.
Ein Krankenpfleger kam. Vogeler war nicht in der Lage zu reagieren. Man rief den Arzt. Sie haben nichts mehr zu fürchten, Vogeler, redete er ihm zu. Aber die Worte erreichten ihn nicht. Zu stark, zu gnadenlos hatte sein Inneres die Vorstellung ergriffen, sein Leben in Anstalten verdämmern zu müssen, dahinzusiechen in weißgekalkten Stationen, vergiftet von Medikamenten, die das Gefühl erstickten. Lebendig begraben.
Das war schlimmer als der schnelle, aufrechte Tod durch die Kugel.
Der Arzt hatte sich seine Diensttasche bringen lassen, zog eine Spritze auf, verabreichte sie Vogeler.
Sein Denken wurde ausgelöscht, die Muskeln entspannten sich. Er fiel in Schlaf.
Der Pfleger, der das Abendessen austeilte, weckte ihn. Er aß die mager gestrichenen Brote, trank den warmen, ungesüßten Tee. So war ihm auch – lau.
Pawlowitz klopfte seine Pfeife auf dem Rand des Aschenbechers aus.
Sind Sie eigentlich ein religiöser Mensch, Vogeler?
Er schüttelte den Kopf. Sie meinen das Märchen vom Kaiser und vom lieben Gott? Nein … Wir sind zu Hause aufgeklärt erzogen worden. Aber Gott ist etwas, das man übertragen kann. Das Gute im Menschen. Ich seh das nicht überirdisch.
Still! Pawlowitz horchte in Richtung der Krankensäle.
Vogeler betrachtete die ausgeprägten, tief gefurchteten Gesichtszüge des Mannes, die wasserklaren, hellen Augen, die kantigen Umrisse des Schädels. Ein Kopf zum Malen.
Pawlowitz wandte sich ihm wieder zu: Alles ruhig. Aber ich habe Sie unterbrochen.
Vogeler hielt den warmen Pfeifenkopf in der Hand, sah auf die Maserung des Holzes.
Wenn ich nur wüßte, wohin es jetzt geht, begann er zögernd. Mit dem Krieg ist es aus, das ahnt schon jeder …
Pawlowitz nickte.
Aber was dann? Was wird aus uns Deutschen? Und aus mir? Ich weiß es nicht. Ich weiß nichts mehr … Mir geht es wie dem Kutscher Baberow aus Saal drei, der seinen Richtungssinn verloren hat. Ich denk im-

mer, das könnte ich sein, wie er sich jeden Tag auf dem Gang verirrt, auf dem Abort, wie er selbst in einer Ecke des Saales steht und nicht zu seinem Bett zurückfindet. Und wie er, bringt man ihn dann, immer dasselbe sagt: Aber ik möt de Lud jo noch fohren. Er hat alles vergessen, nur seine Pflicht nicht. Und ich fühle auch, daß es ein Muß für mich gibt. Aber was? Welches? Das Vergangene ist tot. Und nun? Wer wird mich noch brauchen? Die Kunst? Vogeler winkte ab.
Er saß bei Nachtwächter Pawlowitz, bis es draußen dämmerte und der Frühdienst kam, um die Schwerkranken zu waschen. Die Nähe des Mannes, der schon vielen verzweifelten Patienten beigestanden hatte, beruhigte ihn.
Er reichte dem alten Mann die Hand: Durch Sie war es die ärgste Zeit in meinem Leben nicht. Angezogen legte sich Vogeler auf sein Bett und erwartete die Entscheidung über sein Schicksal. Er zwang sich, an etwas Angenehmes, Freundliches zu denken. Hier in Bremen, seinem Kindheitsort, lebte seine Mutter. Einer der wenigen Menschen, die an ihn glaubten, die es für richtig hielt, daß sich ihr Sohn nach seinem Gewissen entschied, egal was darauf folgen mußte.
Am frühen Morgen wurde Vogeler entlassen. Ein amtliches Schreiben bestätigte ihm Geistesgestörtheit. Das bedeutete Ausschluß vom Militärdienst, höflich wurde es ihm auf dem Bezirkskommando mitgeteilt, als äußeres Zeichen nahm man ihm den langen Militärmantel ab.
Sie sind aus dem Heeresdienst entlassen, Herr Unteroffizier!
Ihm schien, er hätte nie einen schöneren Satz gehört.
Er stand auf der morgenhellen Bremer Straße. Lebend und frei. Es war April. Kühles, klares Licht.
Er mochte auf keinen Omnibus warten, nicht auf den Zug, der erst mittags fuhr. Vierundzwanzig Kilometer bis nach Worpswede. Eine gute Strecke. Er ging zu Fuß. Die Sonne schien ihm ins Gesicht. Sie wärmte.
Er ließ die Stadt hinter sich, die neueren Bauten an ihrem Rand. Die Moorebene, der weite, große Landstrich öffnete sich. Er genoß die Luft, den hohen Himmel, den Anblick der zartgrünen Weiden. Er ging nach Worpswede. Er wußte, er ging ins Ungewisse.

Die Stühle und Holzbänke in der großen Diele reichten nicht, allen Gästen Platz zu geben. Einige saßen auf Strohsäcken, andere mit gekreuzten Beinen auf dem blanken Boden.
Auf dem langen, hölzernen Tisch standen Schalen mit den ersten Augustäpfeln, fest, von gelblichem Grün, ihren Duft im ganzen Raum verbreitend.
Vogeler stützte seine Arme auf die Lehnen des Stuhles und beugte sich vor. Die meisten Augen waren auf ihn gerichtet. Er hatte fast eine Stunde gesprochen, er merkte, daß es Zeit war, zum Ende zu kommen. Er sah auf seine Notizen, gab der Stimme Festigkeit: Vier Jahre tiefsten Leides brauchten wir, um zu erkennen, daß der Krieg die sinnloseste Energievergeudung ist. Eine Vergeudung, die sich die Menschheit nicht mehr leisten kann. Wir haben erkannt, daß negative Empfindungen wie Verlogenheit, Haß, Habgier und gekränkte Eitelkeit zu dieser Sinnlosigkeit führten. Der Krieg muß überwunden werden. Und dieser Weg geht nur über Liebe ...
Einige Zuhörer wurden unruhig, richteten sich auf, wollten widersprechen.
Eine Minute noch, bat er und wiederholte: Und dieser Weg geht nur über die Liebe. Kein Opfer, kein Leid war für diese Erkenntnis zu groß. Die größte Epoche menschlicher Entwicklung bricht an! – Er machte eine Pause und sagte fest: Ein nie gekannter Zustand ist im Werden – *Frieden!*
Es wurde applaudiert, manche klopften nach studentischer Sitte mit dem Knöchel auf die Tischplatte.
Ein junger Mann sprang auf. Er trug den linken Arm in einer Binde, quer über seine Stirn liefen die Narben einer Kopfverletzung.
Frieden ist im Werden, schrie er empört. Wie denn? Vielleicht hier in deiner Villa? Aber draußen liegen die Kameraden doch im Dreck!
Beistimmendes Gemurmel.
Auch Vogeler stand auf. Alle sahen jetzt auf ihn. Es wurde plötzlich ganz still, man hörte eine Biene am Eingang zur Diele vorbeisummen. Vogeler suchte nach Worten, mechanisch kniffte er den Notizzettel zu einem schmalen Streifen zusammen.
Die äußeren Dinge werden uns nichts nützen, begann er leise. Wir müssen unser Inneres revolutionieren, unseren Geist. Wir müssen ihn befreien vom Haß, von der Lüge, von der Zerstörung – all das ist

Krieg. Wir müssen hinauf zur Liebe, zum Vertrauen, zum Aufbau, zur Wahrhaftigkeit – zum Frieden. Die Russen haben uns das Beispiel gegeben. Sie schaffen schon am Kommunismus.

Wieder zerfiel die allgemeine Aufmerksamkeit der Versammlung in eine Vielzahl unterdrückter, widersprüchlicher Äußerungen. Der Ausdruck der Augen änderte sich. Er sah in zweifelnde, ablehnende, in freudig erregte Gesichter. In zornige.

Ein Mädchen sprang auf: Sie schüttelte ihre kurzen, glattgeschnittenen Haare nach hinten: Kommunismus ist kein gutes Wort für deutsche Ohren!

Vogeler betrachtete ihr frisches, junges Gesicht. Die kleine, scharfe Falte zwischen den Brauen. Ihre Oberlippe war beschattet vom Anflug eines Bärtchens.

Befreiung des Geistes gehört zum Wesen des Kommunismus, entgegnete er geduldig. Er ist nichts anderes als der Drang nach gegenseitiger Hilfe, nach Völkervereinigung.

Es ist zu allgemein, dachte Vogeler, während er antwortete. Ich muß einfachere Worte finden, mit denen sich leichter eine Vorstellung verbinden läßt.

Das Mädchen wartete mit Ungeduld, bis er ausgeredet hatte. Wir sind Deutsche, rief sie. Wir müssen einen deutschen Weg gehen.

In ihrer Umgebung gab es Getuschel und Kichern. Sie zog den Jungen neben ihr am Ärmel. Sag laut, was du zu sagen hast, zischte sie wütend. Er stieß ihre Hand weg.

War man bloß Spaß … Verlegen, daß er die Aufmerksamkeit auf sich gezogen hatte, drehte er an den Knöpfen seiner Jacke.

Sein Nachbar half ihm: Hein hett seggt … er strich sich übers Kinn und sprach hochdeutsch weiter. Vielleicht daß Hilde Angst hat, bei uns werden die Weiber auch Volkseigentum wie bei den Russen. So …, daß sich jeder eine nehmen kann, wie er grade will …

Allgemeines Gelächter. Die Spannung löste sich. Man wandte sich den Nebensitzenden zu, sprach zu dritt, zu viert miteinander. Das sanft an- und abschwellende Geräusch allgemeinen Gesprächs füllte die Diele, von Auflachen oder lautem Zuruf unterbrochen.

In dichten Schwaden wölkte der Rauch von Pfeifen und Zigaretten ins Freie.

Vogeler fühlte sich erschöpft. Unbemerkt ging er durch die hintere

Inferno, aus der Folge „Die Geburt des neuen Menschen“, 1918
Radierung und Kaltnadel

Tür und die Küche nach draußen. Er sah zum Himmel. Quellwolken, als wenn Gewitter kommen wollte.
Ein leichtes, dumpfes Geräusch. Neben Vogeler war eine wurmstichige Birne ins Gras gefallen. Er seufzte. Die Obstbäume hatten seit Jahren nicht mehr den notwendigen Schnitt erhalten. Der Garten fing an zu verwildern.
Er biß in die glatte Seite der Frucht. Süßes, saftiges Fleisch. Der Garten war nicht das Wichtigste. Auf dem Barkenhoff war wieder Leben. Gäste kamen ungerufen. Es waren andere als vor dem Krieg, keine erlesene Gesellschaft mehr. Belgische Kriegsgefangene, verwundete Soldaten auf Heimaturlaub, Arbeiter aus Bremen und Bremerhaven, junge Frauen und Mädchen, Zeitungsschreiber, Bauernsöhne aus der Umgebung.
Manche kamen wie heute an den Sonntagnachmittagen zum Treffen in der Diele, manche blieben über Nacht und richteten ihr Lager in den Nebengebäuden auf einem Strohsack ein.
Sie wollten sprechen, wollten zuhören. Eine allgemeine Erwartung erfüllte sie. Der Krieg war verloren, dem Frieden, der ihm folgen mußte, war alles Denken zugewandt. In Vogeler, der dem Kaiser öffentlich die Meinung gesagt hatte, sahen sie eine Hoffnung.
Vogeler lächelte. Eine energische Person, das Mädchen mit dem Bärtchen. Mit solcher Jugend ließ sich wohl etwas Neues aufbauen.
He, Vogeler! Ein Junge sah um die Hausecke und winkte ihm. Man rief ihn wieder in die Diele, einen Streit zu schlichten.

Eine Woche lang war Vogeler unterwegs gewesen. Aus allen Teilen Deutschlands kamen Einladungen, die ihn zu Vorträgen, zu Gesprächen baten. Die Nachricht von der Kommune Worpswede, von der neuen Art, miteinander zu arbeiten, miteinander zu leben, verbreitete sich schnell.
In übervollen Sälen hatte er gesprochen, in halbleeren. Er hatte Fragen beantwortet, ermutigt, beschwichtigt. Eine Woche lang reden, reden, reden. Ihm war, als würde er nie wieder ein Wort sagen mögen. Und fast jeder erwartete Antworten von ihm. Wie es weitergehen solle, worin die Zukunft des Volkes liege, die der Jugend ... Ich bin kein Prophet, dachte er oft entmutigt. Wenn ich es doch selber wüßte. Ich weiß nur eins, die Zukunft liegt im Frieden, im Aufbau.

Er hatte seinen Versuch gewagt. Der Barkenhoff war nicht mehr Privathaus. Er war Arbeitsschule, ein Beispiel, eine Hoffnung für andere. Die Lokomotive bremste ab. Der Zug fuhr langsamer. Der Worpsweder Bahnhof kam in Sicht.
Vogeler griff seinen Rucksack von der Bank und hängte ihn sich über. Er sah aus dem Fenster und versuchte, das Bahnhofsgebäude zu betrachten, als sei es nicht nach seinem, sondern dem Entwurf eines fremden Architekten gebaut worden. Der Hauptteil mit Spitzdach und abgeflachten Giebeln, die dreigeteilte Eingangstür, die beiden flacheren Anbauten, einem Restaurant und dem Güterschuppen Platz bietend. Vor zehn Jahren hatte Vogeler das Haus entworfen. Sein prüfender Blick ließ das Gebäude auch jetzt noch gelten. Die Formen entsprechen der Funktion, das schlichte Äußere erinnert an die ländlichen Anwesen, wie sie hier seit Jahrhunderten gebaut wurden. Es fügte sich in die Landschaft, wie er gehofft hatte. Die Kronen der vor Jahren angepflanzten Bäume erreichten schon das Dach.
Auf dem Bahnhof stand eine Bauernfamilie mit vier kleinen Kindern, Körben und Gepäck.
Neben ihnen zwei junge Menschen, die Gesichter dem einfahrenden Zug zugewandt. Walter und Marie.
Vogeler fühlte sein Herz schlagen. Wie lange war das her, daß er nicht nur gelitten war in Worpswede, sondern willkommen. Es gab Menschen, die ihn vermißten und die sich auf ihn freuten.
Walter nahm ihm zur Begrüßung den Rucksack ab, Marie griff seine Hand, drückte sie lange und preßte sie an ihre Brust. Sie strahlte ihn an. Vogeler sah, sie hätte ihn gern geküßt. Er strich ihr schnell übers Haar. Leuchtend rot umrahmte es ihr Gesicht.
Gemächlich, fast schlendernd, gingen sie auf den Barkenhoff zu. Vogeler in der Mitte. Erzählt, bat er.
Walter sah ihn von der Seite an. Wir schwimmen in Bohnen, sagte er. Es ist unglaublich, was von dem Feld runterkommt. Schüsseln, Wannen, Körbe – alles voller Bohnen. Die Frauen wecken ein, was sie können, jeden Tag essen wir Bohnen – trotzdem werden es immer mehr. Einen Teil lassen wir für die Trockenernte am Strauch. Was jetzt schon reif ist, hängt auf der Diele, unterm Dach, am Stall, am Geräteschuppen … Er lachte. Du wirst sehen, in der einen Woche haben wir aus dem Barkenhoff einen Bohnenhoff gemacht.

Und sonst, fragte Vogeler dazwischen.
Wir haben wieder viele abweisen müssen, die aus Bremen gekommen sind und aus Oldenburg. Arbeitslose. Aber wir sind voll bis unters Dach. Obwohl – zum Arbeiten könnten wir schön noch ein paar Hände gebrauchen.
Walter seufzte. Er war für die landwirtschaftlichen Belange in der Arbeitsschule auf dem Barkenhoff verantwortlich.
Wenn nur alle wirklich arbeiten würden, die Hände haben, fuhr Marie heftig dazwischen. Es wird geredet und geredet. Natürlich muß man Klarheit haben im Denken. Aber deshalb wächst das Unkraut trotzdem weiter, und die Hühner wollen ihr Futter haben. Und ans Allgemeine, die Gemeinschaft, denken längst nicht alle, wenn sie was tun. Die wollen nur für sich!
Vogeler nahm ihre Hände. Marie sprach immer direkt aus, was er in Beispielen zu umschreiben suchte. Er mochte ihre klare, lebhafte Art.
Marie, sagte er beruhigend. Wir begreifen uns als Schule. Ohne Blut, ohne Haß, ohne Zerstörung wollen wir zu einer gerechten Ordnung kommen. Die Arbeit für das Gemeinwohl will gelernt sein. Wir stehen erst am Anfang. Wir brauchen Geduld, nur so kann unser Beispiel nach außen wirken.
Sie schüttelte den Kopf und entzog ihm ihre Hand. Weißt du, woran ich oft denken muß – wer wohl deinem Beispiel folgen wird. In fünf Fabriken habe ich gearbeitet. Die Besitzer kenne ich ja nicht, oder nur von weitem, wenn sie große Reden schwingen. Ich kenn nur die, die uns getriezt haben, ihre Stellvertreter. Denkst du, nur ein einziger gibt seine Fabrik den Arbeitern? Bitte schön, da habt ihr sie – und nun baut fein den Sozialismus auf? Ich kann und kann nicht daran glauben!
Vogeler mochte Marie nicht ansehen, obwohl sie ihm gerade gefiel, wenn sie sich ereiferte.
Ich muß tun, was ich für richtig halte, dachte Vogeler, trotz aller Zweifel. Er sagte laut: Es ist eine Frage der Zeit – wenn der Barkenhoff das Beispiel bringt, daß eine Kommune die sinnvollste, gerechteste Form der Arbeit und des Lebens ist, werden andere sich uns anschließen.
Sie schwiegen. Vogeler sah auf seine Schuhe. Sie waren staubig. Es hatte lange nicht mehr geregnet. Das Gießen mit Kanne und

Terrassierung eines Südhanges
in der Arbeitsschule Barkenhoff, um 1922
Federzeichnung

Schlauch war auf dem großen Gelände viel zu aufwendig. Man müßte ein System zur Bewässerung schaffen. Das könnte auch den Ertrag erhöhen.
Walter hatte sich nicht am Gespräch beteiligt. Er schien in eigene Gedanken vertieft. Als sie auf den Barkenhoff einbogen, sagte er: Heute können die ersten Tomaten abgenommen werden.
Prima, entgegnete Vogeler heiterer, als ihm zumute war. Das laß mich am Abend machen. Eine gute Arbeit für einen alten Mann.
Marie stieß ihn von der Seite mit spitzem Finger in die Rippen.
Nach einer Woche in lauten Sälen, verrauchten Lokalen, gesichtslosen Hotelzimmern war der Barkenhoff trotz seiner vielen Bewohner von wohltuender Ruhe. Vogeler zog den würzigen Duft ein, den die Tomatenpflanzen ausströmten. Vorsichtig drehte er die Früchte ab und legte sie in die Stiege neben sich. Er nahm auch die halbreifen Tomaten. Sie würden, dunkel gestellt, in ein paar Tagen nachröten. Die Pflanzen hatten reichlich angesetzt, sogar Blüten gab es noch. Wenn das Wetter günstig blieb, würden sie bis in den späten Herbst von diesen Sträuchern ernten. Vorsorglich hatte Walter die Stämme mit Bändern an Holzstäbe gebunden, damit sie nicht unter der Last der Früchte umknickten.
Vogeler hörte Schritte hinter sich, hörte Maries ironisch tadelnde Stimme: Kann Heinrich Vogelers Arbeitsplatz anderswo sein als bei seiner Leinwand?!
Sie zitierte einen Satz aus einem Zeitungsartikel. Er sah sie an und wiederholte eine Formulierung desselben Journalisten: Man steckt Heinrich Vogeler ins Irrenhaus, und eben dort ist er Kommunist geworden.
Marie hockte sich neben ihn. Geschickt pflückte sie die Tomaten ab, trug die Stiegen auf den Weg und stapelte sie übereinander. Vogeler betrachtete die junge Frau.
Marie stammte aus Dresden, aus einer Familie mit vielen Geschwistern. Schon früh, ein halbes Kind noch, mußte sie selbst für sich sorgen. In manchem glich ihr Lebenslauf dem von Karl. Aber Marie war kraftvoller. Sie fragte nicht nur, sie verlangte, sie wußte das Erlebte in ihren Gedanken zu verarbeiten. Sie sprach vor Arbeitern über ihre Erfahrungen. Frei und ohne Scheu. Daß sie im Krieg gezwungen wurde, als Dreherin in einem Munitionsbetrieb zu arbeiten. Unfälle

verstümmelten die Frauen, die jungen Mädchen. Marie drehte Schlösser für Gewehre. Ihre Freunde starben an der Front. Als ihr die Widersinnigkeit unerträglich wurde, tat sie, was sie für vernünftig hielt: Sie forderte zum Widerstand auf. Zum Streik.
Daß sie deswegen zu einer Gefängnisstrafe verurteilt wurde, bejammert sie nicht. Knastjahre sind Lehrjahre, beendete sie oft ihren Vortrag.
Marie kam mit zwei leeren Stiegen zu den Beeten. Vogeler hielt ihr eine große, vollreife Tomate hin: Im Süden gelten sie als Paradiesäpfel. Sie lachte und nahm ihm die Frucht aus der Hand: Aber der Apfel gehört zu Eva!
Ach Marie, er sah ihr in die Augen, wie ich dem Zufall danke, der dich zu mir geweht hat.
Es war kein Zufall, neckte sie. Es war Bestimmung.
Vogeler setzte sich auf die Erde. Er kreuzte die Beine und rieb sich den Staub von den Fingern. Vielleicht hast du recht, sagte er. Den Tag vergesse ich nicht. Mir war damals wahrhaftig nicht nach Bekanntschaften zumute ... Knief war tot. Er hat uns viel bedeutet in unserem neuen Anfang auf dem Barkenhoff. Knief war ein Lehrer der Lehrer – für mich. Ich wußte noch gar nichts von euren Theorien. Ich hatte kein einziges von diesen Büchern gelesen. Ohne Knief – hätte ich das nicht begriffen: Klassen, Schichten, Kapital, soziale Kämpfe ... Davon hatte ich nie gehört. Oder jedenfalls nicht so ... Und als er dann krank wurde. Und immer weniger ... und nichts konnte ihm helfen ... vielleicht hätte er hier sterben sollen, auf dem Barkenhoff. Wir haben so gehofft, daß die Behandlung in Bremen Rettung für ihn bringt.
Vogeler schwieg. Marie setzte sich zu ihm. Ihre Schultern berührten sich.
Du bist mir auch aufgefallen. Aber als ich gesehen habe, daß du den Toten zeichnest! Das fand ich – irgendwie unpassend.
Stare fielen mit Gekreisch in die Kirschbäume ein. Vogeler klatschte in die Hände. Rauschend stieg der Schwarm auf.
Als ich noch ganz jung war, sagte Vogeler leise, als mein Vater starb, hat ein Freund mir beigebracht, daß man den Tod betrachten kann. Den natürlichen.
Er faßte nach Maries Hand: Daß ich dich bei Kniefs Beerdigung zum

erstenmal gesehen habe – manchmal erscheint es mir wie ein Symbol, daß aus dem Tod Lebendiges wächst!
Marie stand auf: Jetzt bringen wir die Stiegen in die Scheune, und dann gehörst du mir. Mir allein.
Neben der Scheune saß eine Gruppe junger Leute und ruhte sich aus. Einer zupfte auf der Gitarre.
Vor aller Augen nahm Marie Vogelers Hand und ging mit ihm durch den Garten auf die Felder zu.
Der Boden am Südhang des Weyerberges war noch warm von der Sonne des Tages. Sie saßen nebeneinander. Sie legten sich nebeneinander. Marie umarmte ihn und wollte geliebt werden. Vogeler fühlte ihre weiche, glatte Haut. Zärtlich und warm nahm Marie ihn zu sich.
Mit dir ist es gut, Marie, dachte Vogeler. Zu dir kann ich sprechen, und dein Körper vertraut mir wie meiner dem deinen.
Er lag auf dem Rücken, mit der rechten Hand faßte er ihr Handgelenk. Marie atmete leise, vielleicht schlief sie.
Vogeler sah in den Himmel! Das Sternbild des Großen und des Kleinen Wagens! Die goldene Spur der Milchstraße. Ich kann der Erde wieder vertrauen. Sie trägt und hält mich. Sie nährt uns. Das Leiden ist nicht umsonst gewesen. Es gibt Liebe. Es gibt Marie. Wenn es gelingt, die Liebe allgegenwärtig zu machen, wenn sie kosmisch ist, wird Frieden sein. Weltfrieden.
Vogeler richtete sich auf und beugte sich über Marie. Sie blinzelte ihn an.
Laß uns noch bleiben, sagte sie leise. Mir ist so gut.
Dankbar fühlte Vogeler die Nähe der Frau. Mit Marie verband sich eine neue Art von Glück. Es war Glück, es war Erfüllung, als sich vor zwei Jahren im November die Soldaten und Arbeiter zusammenschlossen, um endlich, endlich den Krieg zu beenden. Es war Glück, daß sie ihn wählten, in ihren Reihen mitzubestimmen: Verheißungsvoller Name – Rat der Arbeiter und Soldaten.
Ein lang vermißtes, befreiendes Gefühl, ein Gleicher unter Gleichen zu sein. Auf die Straße gehen, umgeben von Menschen, verbunden durch dieselbe Hoffnung und ein Fordern: Dem Krieg ein Ende. Das Volk muß bestimmen. Die Fabriken den Arbeitern. Den Bauern das Land. Arbeit für alle. Aufbau. Gerechtigkeit.

Moorgraben und Torfkahn, 1922
Radierung

Ein Zauberwort faßte all das zusammen. Geflüstert, gesungen, geschrieen: Revolution! Revolution! Revolution!
Tage und Wochen ohne Zweifel, ohne Furcht. Gemeinsamkeit. Aufbruch. Zukunftsträume.
Die Träume waren nicht gereift. Aber der Krieg war vorbei, der Kaiser entthront. Das Volk hatte einen großen Versuch gewagt. Der aufrührerische Herbst war mehr als Erinnerung. Er blieb Signal. Eine Hoffnung, unauslöschlich. Der Barkenhoff, die Arbeitsschule, war aus ihr gewachsen. Das lebendige Beispiel.
So lebendig wie Marie, ihr leises Atmen, ihr schönes, rotes Haar. Er streichelte ihren Arm. Komm, wir müssen gehen, es wird kühl.
Aus den Moorwiesen stieg Nebel auf. Feine, weiße Schwaden, sacht bewegt. Die Frau schob ihre Hand unter seinen Arm und umfaßte ihn. Aneinander geschmiegt gingen sie zum Barkenhoff zurück. Sogar im Dämmerlicht leuchtete Maries Haar.
Meine kleine Rote, flüsterte er und küßte sie.

Vogeler sah auf die Uhr. In einer Stunde würde zum Mittagessen geläutet. Er rieb sich die Augen und schob die Kupferplatte in die Mitte des Tisches.
Es war still auf dem Barkenhoff. Die Kinder waren mit zwei Männern dabei, am Ende des Grundstückes neue Frühbeete anzulegen. Alle anderen sammelten Frühkartoffeln. Drei oder vier Frauen bereiteten in der Küche das Essen vor. Es roch säuerlich nach Essig und Dill. Vielleicht legten sie Gurken für den Winter ein.
Vogeler ging zum neugebauten Materialschuppen und nahm eine Sense von der Wand. Mit dem Daumen prüfte er die Schärfe der Klinge. Er mähte das Gras seitlich der kleinen Freitreppe. Solange es ging, bekamen die Tiere frisches Futter. Das Heu mußte für die kalten Monate gespart werden.
In der Diele klapperte Geschirr. Die gemeinsame Mahlzeit wurde vorbereitet. Die Stunde um den Mittagstisch war Vogeler eine der liebsten des Tages. Zwar trafen sich alle, die nicht auswärts zu tun hatten, auch zum Frühstück, Abendbrot und zum Kaffee am großen Tisch, aber mittags fühlte man die Gemeinsamkeit am stärksten. Jeder kam von der Arbeit und ging wieder zu einer Arbeit. Die Kinder neben ihren Eltern zu sehen – ein schönes Bild. Diese Generation würde

Die Arbeitsschule, 1921
Titelblatt

nicht erst nach langen inneren Kämpfen zur Gemeinschaft der Arbeitenden finden, sie lebten sie von ihren ersten Jahren mit. Sie saßen abends dabei, wenn die Aufgaben für den nächsten Tag verteilt wurden, alle Beratungen fanden vor ihren Ohren statt. In der Hausordnung, für alle gültig, stand, daß die Kinder spielend zu Produktivität geleitet werden sollten.
Vogeler seufzte. Seine Töchter saßen nicht am Tisch. Martha hatte ein eigenes, teures Haus bezogen. Die Mädchen waren mit ihr gegangen. Die Trennung endgültig vollzogen, der inneren durch die äußere Rechnung tragend.
Im Haus im Schluh, in dem Martha mit den Kindern wohnte, hatte jetzt fast alles Platz gefunden, was mit der ersten Hälfte seines Lebens verbunden war: Möbel, Leuchter, Bilder, Silber und Kristall.
Vogeler zog den Stein aus der Tasche und dengelte.
Gut so. Er brauchte keinen Besitz. Die Gier nach Gütern hatte immer Unglück gebracht. Nicht die Dinge sind wichtig, sondern Arbeit und Gemeinsamkeit. Das Streben nach Vervollkommnung des einzelnen.
Von der Straße klang das gleichmäßige Knarren eines Ackerwagens. Am gedämpften Ton hörte Vogeler, daß er beladen war. In bedächtigem Schritt zogen die beiden schweren Pferde die Fuhre zu den seitlichen Anbauten. In zwei Reihen, ordentlich gebunden, standen die Kartoffelsäcke auf dem Gefährt.
Die Sammler kamen den Hauptweg entlang. Langsam, bedächtigen Schrittes. Leute, die schwer gearbeitet hatten. Vogeler spähte nach Marie. Ihr leuchtendes Haar hob sie aus jeder Menge heraus.
Als er sie gesehen hatte, wandte er sich wieder der Grasfläche zu. Mit kräftigen, gleichmäßigen Hieben mähte er die letzten Meter.
Am Tisch, in der Diele, würde Marie neben ihm sitzen. Er genoß die Vorfreude auf ihre Gegenwart. Ihr Anblick machte ihn froh.
Marie schenkte ihm, wonach er sich bei Martha immer gesehnt hatte. Daß er von sich sprechen konnte, von seinem Innersten und Geheimsten. Er konnte es in Worte fassen und Marie verstand ihn. Zum Menschen Marie drängte es ihn mehr als zur Frau. Er lächelte – was wäre denn Marie, wenn nicht ihr fester, junge Körper, ihr Flammenhaar. Vogeler.
Er wandte sich um. Marie und Walter kamen auf ihn zu. Sie hielten sich geschwisterlich an den Händen.

Vogeler! Marie stand vor ihm, ihr Gesicht von großer Freude bewegt. Du sollst es als erster wissen: Ich liebe jetzt Walter.
Die beiden gingen auf das Haus zu, in die Diele.
Es wurde zum Essen geläutet. Vogeler sah den Vorplatz, auf dem er stand.
Er fühlte die hölzernen Griffe der Sense. Vor ihm lag in säuberlichen Schwaden das Gras, noch frisch und grün. Am rechten Schuh war der Schnürsenkel gelöst. Er bückte sich und band ihn neu. Er schulterte die Sense, trug sie an ihren Platz zurück. Er wusch sich die Hände und setzte sich auf seinen Platz am Tisch. Jemand füllte ihm den Teller. In der Brühe schwammen Bohnen, Mohrrüben und Kartoffeln. Kleine Stückchen gehackter Petersilie. Er nahm den Löffel in die Hand und bemerkte, daß seine Kehle die Fähigkeit zu schlucken eingebüßt hatte.
Er stand auf und hörte sich sagen: Ich bitte die Anwesenden darum, mich für heute von der gemeinsamen Mahlzeit zu beurlauben.
Geräusche und Gespräche, die das Essen begleiteten, verstummten. Umgeben von der angespannten Stille, in die ein Huhn gackerte, verließ Vogeler die Diele, den Barkenhoff.
Er bog von der Straße ab, ohne zu wissen, wohin er wollte, wohin er ging. Ein Feldrain, auf dem er entlangstolperte. Eine Hecke. Schlehdorn, Holunder, Maulbeerstrauch registrierten die Augen. Vogeler drängte sich mit dem Rücken in das Gestrüpp, hockte sich auf den Boden, zog die Knie vor das Gesicht und krümmte sich zusammen.
Er war unsichtbar geworden. Kein Blick konnte ihn treffen, keine Hand berühren, keine Stimme erreichen.
Als Vogeler sich aufrichtete, war es dunkel. Er klopfte die Erdkrumen von den Kleidern und schleppte sich zum Barkenhoff zurück. Ein Bein vor das andere setzen. Nicht vornüberkippen. Nicht schwanken. Nicht schreien.
Der Ablauf des Tages erreichte ihn nicht.
Er konnte gewohnte Arbeiten mechanisch verrichten. Die Tiere füttern. Das Werkzeug in Ordnung bringen. Die Möhren für den Wintervorrat ausgraben.
Er konnte nicht essen. Er trank Tee. Beim Pfeifestopfen zitterten seine Hände. Er konnte keinen Spiegel ertragen. Er rasierte sich nicht

mehr. Marie suchte seine Nähe. Sie half ihm bei den Arbeiten. Freundlich und selbstverständlich war sie neben ihm. Aber das war nicht Marie – eine fremde Frau.
Walter mied ihn.
In den letzten Septembertagen kehrte der Sommer zurück. Die Sonne, das helle Licht, marterten Vogeler. Sein einziger Schutz war die Dunkelheit. Allein sein mit sich. Die Nächte brachten keinen Schlaf, nur flüchtiges, angstvolles Dahindämmern, Träume, die er fürchtete.
Ich liebe jetzt Walter!
Die Stimme von Marie. Freudig. Offen. Voller Vertrauen.
Vogeler richtete sich auf. Es war noch dunkel. Er mußte lange geschlafen haben. Er horchte in sich hinein. Sein Herz, das sich seit Tagen nicht beschwichtigen ließ, das unaufhörlich, peinigend gegen die Rippen hämmerte, schlug leise, langsam, ohne Schmerz.
Vogeler stand auf und sah aus dem Fenster. Ein Nebelmorgen. Er stand aufrecht und wußte: Seine Last war von ihm gefallen.
Die Last hieß Scham. Du, Vogeler, sprach er in Gedanken mit sich, du bist als Mensch nicht reif für das, was du predigst bei deinen Vorträgen, in deinen Schriften: Freiheit der Liebe. Gleiches Recht für Mann und Frau. Keine Bindung durch Besitz, durch fordernden Anspruch. Nicht der Zwang durch das Geschlecht, sondern freieste Hingabe zu den Mitmenschen. Brüderlichkeit.
Durch das Fenster strich kühle, frische Luft herein. Köstlichkeiten: Früher Morgen. Schlaf. Das Blättergold der herbstlichen Birken. Pilzgeruch.
Beim Frühstück, als alle sich versammelt hatten, stand er auf, sah in die Runde und sagte fest: Walter und Marie lieben sich. Ich möchte, daß ihr das achtet.
Er setzte sich. Es roch nach Kaffee. Seine Tasse wurde gefüllt. Vogeler zog den Holzteller mit dem Brot zu sich heran. Die Schnitten, großporig und weich, waren noch warm.
Das Gespräch setzte ein. Freundliches Gesumm. Die hohen Stimmen der Kinder. Vogeler biß in sein Brot. Er hatte Hunger und aß.

Die Tannenzweige hatten an den Spitzen zartgrüne Triebe ausgebildet. Die Schnittstellen verströmten herben Harzgeruch im Zimmer.

Es war still. Alle halbe Stunde läutete das Schlagwerk der Standuhr. Vor dem Fenster balzte ein Gimpelmännchen.
Vogeler und Walter saßen allein im Zimmer. Zwischen ihnen lag ein Toter. Der kleine Hermann.
Hermann hatte sich erschossen. Niemand wußte warum, es gab keine Anzeichen für Verzweiflung oder innere Not. Mittags hatte er am gemeinsamen Tisch gesessen. Keiner hatte Besonderes an ihm wahrgenommen. Hermann betreute die Ackerpferde, die beiden Schimmel. Als sie am späten Nachmittag noch immer im Stall standen, wurde nach ihm gesucht. Hermann wohnte in einem der Nachbarhöfe. In einem Anbau, auf einem Sandhaufen hockend, wurde er gefunden, die Pistole neben ihm.
Kein Hinweis, keine Abschiedsworte, kein Brief. Nichts, das Aufschluß gab. Nur ein Zettel: Verzeiht, daß ich es hier tue.
Vogeler sah auf das Gesicht des jungen Mannes. Die Einschußwunde an der hohen, ausgeprägten Stirn war durch eine Binde verdeckt. Hermann wollte Lehrer werden, hatte einige Semester studiert. Warum war er nicht an das Seminar zurückgegangen? Gab es einen Menschen auf dem Barkenhoff, mit dem Hermann verbunden war? Oder war er einsam geblieben?
Müßige Fragen, zu spät gestellt.
Von der Seite betrachtete Vogeler Walters müdes, kummervolles Gesicht. Es war gut, neben Walter zu sitzen. Sie waren vertraut miteinander. Daß Marie ihn zum Gefährten gewählt hatte, verband sie jetzt freundschaftlich und fest. Nur die ersten Wochen – Vogeler seufzte. Aber das war vorbei. Walter, Marie und er, sie hatten zu der freien Gemeinschaft gefunden, die kein Ziel war, sondern Aufgabe, Bewährung.
Walter räusperte sich. Hermanns Tod ist ein Zeichen, sagte er mit heiserer Stimme.
Vogeler antwortete nicht. Er schwieg erschrocken. Walter sprach aus, was er sich zu denken verbot.
Ein Zeichen wofür? Vogeler wußte es. Was die Arbeitsschule, den neuen Barkenhoff zusammenhielt, bröckelte auseinander. Eine Zelle der neuen Gesellschaft hatten sie sein wollen. Eine Keimzelle, um die andere Zellen wachsen sollten, damit ein lebendiger Körper entsteht: Ein Volk, das arbeitet, um gemeinsam und frei selbst zu bestim-

men. Frei von Hunger und Not. Frei von Ausbeutung. Frei von Zwang.
Aber die Zwänge wuchsen, sie bedrohten den Barkenhoff. Mangel bedrängte sie stärker als in den ersten Jahren. Es ist nicht unsere Schuld, dachte Vogeler voller Auflehnung. Ringsum in Deutschland geht alles zugrunde. Die Wirtschaft bricht zusammen. Die Teuerung ist unvorstellbar. In den Städten zahlt man Millionen Mark für ein Brot, für Butter, für das Notwendigste.
Es ist ein später Fluch, unsere Schuld am Krieg, die nicht gesühnt ist.
Laut sagte er: Tun wir nicht das Unsrige?
Wir sind allein, antwortete Walter. Er sah auf den Toten, wandte sich Vogeler zu: Es wird seine Ruhe nicht stören, wenn wir sprechen ... Ja, wir tun das Unsrige. Aber der Barkenhoff ist eine Insel. Klein und ungeschützt. Jede Flutwelle kann uns schlucken. Wenn deine Bilder nicht wären ..., ohne das Geld von ihrem Verkauf – wir wären längst in Schulden ertrunken.
In der tiefen Stille hörten sie ein Knistern, Rascheln. Eine Maus nagte unter den Dielenbrettern.
Ich fühle es deutlich ... Vogeler stockte. Sein Empfinden war schwer in Worte zu fassen: Du hast recht, wir brauchen mehr Land, um alle zu versorgen, bessere Unterkünfte, neue Maschinen. Aber alles das läßt sich ausgleichen, wir können uns einschränken. Schlimmer ist – das Innere geht uns verloren. Unsere Idee, kommunistisch zu leben, in Harmonie mit den Gesetzen der Natur, mit allem Ewigen – wer trägt sie in sich? Wer arbeitet so an sich? Du, Marie, der alte August – sie lassen sich an den Fingern abzählen. Und ohne innere Gemeinsamkeit werden auch die anderen Dinge nicht gedeihen.
Er sah auf den Toten: Vielleicht hat den kleinen Hermann solch eine Ahnung gedrückt!
Walter strich sich über seine kräftigen, von der Frühjahrssonne gebräunten Hände. Nach Gemeinsamkeit streben ist wohl jedem eingepflanzt – aber die Menschen sind sehr verschieden.
Er horchte. Ein Wagen fuhr auf den Hof ein. Ein Pferd schnaufte.
Vogeler stand auf. Das werden die Angehörigen sein.
Aus dem Kutschwagen stiegen Hermanns Eltern. Zwei verstörte, alte Leute. Walter geleitete sie zu ihrem Sohn und ließ sie allein.
Auf dem Weg zum Barkenhoff, in der Abenddämmerung, lief ihnen

Innenansicht der Zelle, um 1921
Federzeichnung

ein Igel über den Weg. Er hielt witternd seine bewegliche Nase in die Luft und trollte sich in den Straßengraben. Am blassen Himmel die ersten Sterne.

Walter sagte leise: Sonja zieht dich weg von uns.

Aber es ist doch nur eine Reise! Vogeler berührte den Jüngeren am Ärmel. Verstehst du das nicht – ich möchte sehen, wie es die Russen machen. Nicht wie wir, ein paar Leute, ein ganzes Land baut dort am Neuen.

Nein. Walter schüttelte den Kopf. Gereist bist du oft. Nach Moskau willst du wegen Sonja. Sie ist anders als wir auf dem Barkenhoff. Sie denkt ganz anders – und du strebst zu ihr.

Vogeler blieb stehen. Walter, bat er leise, gönn mir, daß eine Frau mich mag. Ich bin nicht mehr jung. Ich war zu oft allein.

Sie gingen schweigend weiter. Der Sand knirschte unter ihren Sohlen.

Ich weiß, ich kann beruhigt fahren, sagte Vogeler, du vertrittst mich.

Walter stieß einen Stein mit dem Fuß beiseite. Ohne dich habe ich hier einen schweren Stand, entgegnete er.

Vogeler merkte, Walter war mit seinen Gedanken nicht bei der Landwirtschaft. Vielleicht bei Marie.

Vogeler wartete, bis das Licht in Zimmern und Kammern gelöscht war, Gespräche und Geräusche in der warmen Frühjahrsnacht verstummt.

Aus seiner Zelle, dem kleinen Anbau, dem Zimmerchen im Riesenhaus, das ihm allein gehörte, ihm Zuflucht bot und Platz zum Arbeiten, schlich er leise in die Diele. Er schaltete das Licht ein, setzte sich auf einen Stuhl am Ende des großen Tischchens.

Er betrachtete die Malerei an den Wänden. Sie bedeckte alle Flächen zwischen den Balken, Türen und dem Sims. Szenen aus dem Leben derer, zu denen er seit dem aufrührerischen November von vor fünf Jahren gehörte: Arbeiter, die ein Gefängnis stürmen. Polizisten, die auf Menschen schießen. Das Aufbäumen der Körper vor dem Tod. Machtvoll heranstürmende Kämpfer, über denen sich rote Fahnen bauschen. Und die Bilder der Befreiung, des Friedens: Aufbrechende Kerkertore, gemeinsame Arbeit in den Fabriken, auf dem Land. Das Anlegen von Gartenterrassen, blühendes Land. Männer, Frauen, Kinder in natürlicher Gemeinsamkeit. Eine Mutter, die ihr Kind stillt. Im

Zentrum der abschließenden Wand zwischen den beiden Türen – Blickfang und Mittelpunkt –, die Kaminhaube mit dem Symbol der Arbeitsschule. Eine große Hand, in deren Innenfläche ein nacktes Kind geborgen ist. Aus Früchten, Blumen, aus dem All, dem Kosmischen, wuchs diese Hand. Es ist die Hoffnung, dachte Vogeler. Mit jedem Kind, mit jeder Generation beginnt die Hoffnung neu, der Menschheitstraum, daß ein friedliches Werden möglich ist.

Die Arbeitsschule hatte einige Jahre Beispiel gegeben. Das Beispiel war erloschen, bedrängt von den Nöten der Nachkriegszeit. Teuerung, Hunger. Arbeitslosigkeit. Und auch von Zweifel, Verzweiflung, innerer Zerstörung.

Aber es gab einen Trost. Die Künftigen zogen hier ein. Der Barkenhoff ein Heim für Kinder, deren Väter ermordet waren oder im Gefängnis saßen. Für Kinder, die ein paar Wochen aus Elend und Enge herausmußten. Die Rote Hilfe würde das Geld geben. Auch ein Hoffnungsschimmer – die Rote Hilfe, geboren aus der Not der Arbeitenden, spendete über die Grenzen der Staaten hinweg. Ein Schritt zum Kosmischen. Proletarier aller Länder, vereinigt euch.

Vogeler stand auf und löschte das Licht. Jetzt kamen andere Gäste aus der Erinnerung. Martha in vielen Jahren. Erst Mädchen, fast Kind noch, als reife, erfahrene Frau. Die drei Töchter, Martha, Bettina, Marieluise.

Rilke, wie er Gedichte vortrug. Rilke, wenn er versonnen und still der Musik zuhörte.

Paula. Großäugig im weißen Kleid. Paula, die Unwiederholbare. Die Sanfteste und die Kühnste unter uns.

Modersohn, nachdenklich, den Daumen in die Westentasche gesteckt, ins Weite blickend.

Clara, trotzig und tapfer.

Mackensen, Robert, Overbeck. Maler, Musiker, Schriftsteller, Gelehrte, Namen mit Klang. Die der Krieg nicht vernichtet hatte, waren verstreut, verweht, auf anderen Wegen.

Es kamen die Namenlosen, Unscheinbaren. Nicht Berühmten. Die Hoffnungssucher.

Auch ich suche nach Hoffnung, nach Erkenntnis. Ein junger Mensch, eine junge Frau, will ihren Weg mit mir gehen, will mit mir unterwegs sein. Die mutige Sonja.

Vielleicht sehen wir bei den Russen, wie es gelingen kann, daß nicht nur einzelne, sondern ein ganzes Volk, viele Völkerschaften, den Aufbruch in die Zukunft wagen.
Im Dunkeln ging Vogeler in das Bienenhaus zurück. Er lag mit offenen Augen bis der Morgen kam.

◈

Die Maschinen begannen zu arbeiten. Langgezogen tönte die Sirene. Das Schiff legte ab, verließ das Hafenbecken, gewann schnellere Fahrt. Die Möwen blieben zurück. Der Küstenstreifen entfernte sich, zerfloß im leichten Dunst, der über dem Wasser lag.
Vogeler stand an Deck. Er sah auf die See, auf das schnell wechselnde Licht. Mit Ungeduld hatte er die Loslösung vom Land erwartet. Er wollte unterwegs sein. Fahren. Die Zeit des Abschieds war vorbei.
In der Kajüte wußte er Sonja. Sie lag und ruhte sich aus. Die Reisevorbereitungen hatten sie angestrengt. Die leichte Blässe, die Schattenringe unter den Augen sah Vogeler mit heimlicher Freude. Sonja erwartete ein Kind.
Sonja, er, das Ungeborene. Sein Leben war wieder von Erwartung bestimmt. Mit über fünfzig Jahren durfte er an einen Anfang glauben.
Sonjas Denken war klar; so klar, daß er manchmal fürchtete, neben ihr alt und altmodisch zu sein. Sonja gelang die Aufteilung der Welt in das Gute und das Böse, in Licht und Schatten. Sie zog scharfe Grenzen, wo er Zwischenzonen, Grautöne, Ungewisses sah. Sonja hatte den letzten Anstoß gegeben, daß er sich eingestand: Die Kommune Barkenhoff war gescheitert. Über den schönen Traum hatte der Nachkrieg gesiegt. Der schöne Traum hieß bei Sonja Illusion, die ihn träumten – Spinner.
Sonja hat mich aus der Worpsweder Enge befreit. Aus dem Bienenhaus.
Vogeler atmete tief. Die Luft war klar und feucht zugleich. Sie roch nach Salz.
Eine Hand strich vorsichtig über seinen Rücken. Er wandte sich um. Sonja. Sie lächelte ihn an. Du grübelst schon wieder.

Straße im Kreml, 1923
Federzeichnung

Er zog sie zu sich. Ich bin so, sagte er, aber du wirst mich schon umkrempeln.
Sie schwiegen. Das Geräusch der arbeitenden Motoren, das Klatschen der Wellen, die Bewegung der Luft verschmolzen zu einem gleichmäßigen, besänftigenden Klang.
Eine Reise zu Schiff hat mir damals Heilung gebracht.
Sonja nickte. Sie wußte von Ceylon, von seinen Träumen.
Sonja wandte Vogeler ihr schmales, kluges Gesicht zu. Sie nahm seine Hand und legte sie an ihr Kleid, auf ihren Bauch. Es bewegt sich, sagte sie leise, es freut sich, daß wir nach Hause kommen.
Vogeler spürte an seiner Hand eine leise, rollende Bewegung. Er umarmte Sonja und sah ihr in die Augen.
Du fährst mit unserem Kind in ein Zuhause, dachte er. Zu Vertrauten. Zu deinen Eltern.
Ich fahre ins Ungewisse. Ins Neue. Orte, die bis jetzt nur Namen sind: Reval. Leningrad. Moskau.

Die Sonnenblumen im Vorgarten ragten bis in Dachhöhe. Vogeler betrachtete das Holzhaus. Blockhüttenprinzip. Er versuchte sich zu erinnern, was er über die Vorzüge der Bauart gelesen hatte. Seine Gedanken zerfaserten ... Ein holzreiches Land.
Er sah sich um. Er war, ohne auf die Gegend zu achten, bis in eine der Vorstädte gelaufen. Das Laub rieselte. In den kleinen Hausgärten stand fester grüner Kohl, reif zur Ernte. Ein paar späte gelbe Gurken. In den Gipfeln der Bäume einzelne Äpfel, zu denen die Hand des Pflückers nicht gelangt hatte. Ein Namensschild für die Straße war nicht zu entdecken. Am besten umkehren und denselben Weg zurückgehen. Vogeler konnte sich auf seinen Richtungssinn verlassen.
Ein morscher Lattenzaun lag umgebrochen.
Die Straßen zur Stadtmitte belebten sich. Leute, die von der Arbeit kamen. Dunkle, dürftige Kleidung. Das Notwendigste. Zerschlissene Reste von Uniformen. Die Frauen trugen Tücher um den Kopf, die ihr Haar völlig bedeckten. Viele Gesichter ernst, verschlossen. Manchmal fiel ein verstohlener, neugieriger Blick auf Vogeler. Er fühlte sich als Fremdkörper. Seine einfache Jacke, die Hose aus festem, gutem Stoff, wirkten in dieser Umgebung wohlhabend und herausgeputzt.

Er sah verlegen auf die Beine der Vorübergehenden. Das Schuhzeug bildete den armseligsten Teil der Bekleidung. Ausgetretene Stiefel, das Leder oft mehrfach gebrochen, mit Löchern. Füße in Sandalen. Nackt trotz des kühlen Oktober. Andere in Lappen und Lederstreifen, mit Bindfaden umwickelt und über den Knöcheln zusammengebunden.
Ein zweirädriger Karren holperte vorbei. Die Rippenbögen des Pferdes zeichneten sich unter dem stumpfen Fell ab. Am vorderen gichtigen Kniegelenk klebte ein offenes, eiterndes Geschwür. Bild des Jammers. Vogeler zwang sich, schneller zu gehen. Der trübe Nachmittag brachte trübe Gedanken.
Trüber Regen, fast noch Nebel, drang durch die Sachen bis auf die Haut.
Sonja, dachte er plötzlich mit ungehemmter Verzweiflung, Sonja, verzeih mir. Wenn du lebst, wenn das Kind lebt – ich will nie wieder mit dir streiten. Ich werde hinnehmen lernen, daß wir verschieden denken, auch wenn wir uns im Großen einig sind. Du siehst die Welt so einfach und so klar. Du kannst in diesen geplagten Menschen die künftigen Beherrscher der Natur, die führende Klasse der Gesellschaft sehen. Ich sehe heute nur Hunger, Fußlappen und Geschwür.
Er stolperte über einen festgetretenen Lehmhaufen, der mitten auf dem Bürgersteig neben einer ausgehobenen Grube lag. Er lief beinahe. Sonja, warum lassen sie mich nicht zu dir! Gerade jetzt will ich bei dir sein.
Er blieb stehen, fingerte die Pfeife aus der Tasche, suchte nach den Streichhölzern. Seine Hände, mühsam beherrscht, zitterten.
Sonja, du liebst einen alten Mann. Als Martha die Mädchen geboren hat, war ich frei von Angst. Nur Freude und Erwartung.
Er zog tief den Rauch ein. Das Feuer knisterte. Der Pfeifenkopf in seiner Hand wurde angenehm warm.
Eine winzige, magere Katze huschte ihm vor den Beinen über den Weg. Er verfolgte sie mit den Augen. Sie verbarg sich in der Mauernische eines gerade begonnenen Neubaus. Rohe Ziegel, grob zusammengefügt. Er ging näher und sah nach dem Tier. In der Ecke, die Katze im Arm, kauerte ein Mensch. Ein Junge. Große, dunkle Augen über den hervorstehenden Wangenknochen. Hungergesicht.

Alles an dem Kind war groß. Die fleckige Schirmmütze, die schmutzigen Lumpen, die schwarzen, blankgeriebenen Militärschuhe.
Vogeler beugte sich zu dem Jungen. Kann ich dir helfen, fragte er deutsch, wiederholte russisch den Satz.
Das Kind sah ihn feindselig an und antwortete nicht. Es hielt einen braunen, leeren Zuckersack an sich gepreßt.
Kann ich dir helfen, fragte Vogeler noch einmal und wußte, er konnte es nicht. Er konnte den Jungen nicht mit nach Hause nehmen in die enge Wohnung von Sonjas Eltern. Er konnte ihm keine warme Kleidung geben, die ihm paßte. Konnte nicht dafür sorgen, daß er regelmäßig zu essen bekam, ein Bett für den mageren Körper. Hunderte, wenn nicht Tausende solcher Kinder ohne Eltern, ohne Zuhause, strolchten durch Moskau. Allein und in Banden. Sie nahmen was sie bekamen, sie bettelten und stahlen. Die Kinderheime reichten nicht, sie zu beherbergen. Und viele, die dort Platz fanden, rissen wieder aus. Die Straße, die dunklen Winkel der Stadt, die Abfallhalden waren ihr vertrautes Reich. Verwahrlost und schmutzig, wie verstoßene Tiere. Streunende Katzen.
Kleine Menschen ohne Schuld. Opfer von Krieg und Zerstörung.
Wie heißt du? Einer der geläufigsten, russischen Sätze. Vogeler hockte sich zu dem Kind. Vielleicht konnte er ihm zu Tee und Zwieback verhelfen. Zu einem Stückchen Zucker von Sonjas Eltern.
Statt einer Antwort sprang der Junge auf und fauchte Vogeler mit unverständlichen Worten an.
Vogeler schreckte zurück. Er sah sich sitzen und vor dem Kleinen zusammenfahren. Ein komischer Alter. Er mußte lachen.
Der Junge stob in langen Sätzen davon. Hoppelnd folgte ihm das Kätzchen.
Die Dunkelheit breitete sich im Nebel aus. Spärlich brannten Lampen, die Fenster des Mütterheims, in das Sonja zur Entbindung gebracht war, leuchteten hell.
Vogeler buchstabierte einer Schwester den Namen seiner Frau. Er wurde auf eine weißgestrichene Bank verwiesen. Es roch nach Krankenhaus und Scheuermitteln. Vogeler griff nach der Pfeife und steckte sie wieder zurück. Rauchen war verboten. Die Schwester kam zurück. Sie trug Mullstreifen um Mund und Nase.
Vogeler stand auf, ging ihr entgegen. Aus dem gewickelten Tuchpa-

Moskauer Universitätshof, 1924
Federzeichnung

ket, kaum größer als zwei Hände, leuchtete krebsrot das runde Gesicht eines Neugeborenen.
Jan Jürgen war geboren. Das Bild von weiß und rot verschwamm. Vogeler blinzelte die Tränen aus den Augen.
Er durfte an die Tür zum Zimmer, in dem Sonja lag. Schmal, erschöpft, mit strähnigem Haar. Sie lächelte ihm zu.
Vogeler stürmte nach draußen, ins Freie. Er riß die Jacke auf. Ihm war warm.
Jan Jürgen war auf der Welt. In Moskau geboren. In der hoffnungsvollsten Stadt, die es gab. Welch Kleinmut, vor Hunger und Lumpen zu verzweifeln. Es gab Arbeit und Gemeinschaft. Es gab Liebe. Kinder. Das Künftige bereitete sich vor.

Vogeler sah aus dem Abteilfenster. Die sanft gewellten Thüringer Berge. Das vielfarbige Grün, die Gelbtöne der spätsommerlichen Stoppelfelder, die hochbeladenen Erntewagen, der Anblick weißgekalkter, säuberlicher Fachwerkhäuser hielten ihm die Augen offen. Er hatte sich vorgenommen, im Zug zu schlafen. Die allabendlichen Vorträge seit der Rückkehr aus Moskau strengten ihn mehr an, als er sich eingestehen mochte.
Der Zug fuhr durch einen Tunnel, auf der anderen Seite breitete sich eine Niederung mit kleinen Flächen aus. Nicht weit von den Gleisanlagen stand eine wohlerhaltene, mittelalterliche Befestigungsanlage. Sie war von mehreren Stacheldrahtzäunen umgeben. Sicher eine Strafanstalt. Vogeler lehnte sich zurück. Einen Moment empfand er den heftigen Wunsch, nichts anderes zu sein als ein Reisender, der zu seinem Vergnügen ins Thüringische fuhr, in eine kleine freundliche Stadt, in ein sauberes Hotel mit sauberer Küche.
Auf dem Wege vom Bahnhof zum Vortragssaal sah Vogeler mehrere Anschläge, die zu seinem Vortrag einluden.
Das neue Sowjetrußland! Heinrich Vogeler – Worpswede – berichtet von seinen Reisen! Vortrag mit Bildern!
Schriftplakate mit den Zeichen der Roten Hilfe. Hammer, Sichel, Stern. Gebende Hände.
Im Hotel wartete auf Vogeler der Korrespondent einer Arbeiterzeitung. Ein junger Mann mit Schirmmütze, einer leichten Jacke. Lasker, stellte er sich vor. Er betrachtete neugierig von Nahem, von

Weitem die Bildtafeln, die schon entlang der Wände im Saal standen.
Wird in Sowjetrußland so gemalt? fragte er vorsichtig.
Vogeler rückte eine Tafel gerade. Ich male so.
Im Auftrag der Partei?
In meinem eigenen. Der Künstler kann nicht bilden, was er als Mensch nicht in sich trägt.
Lasker holte Schreibblock und Bleistift aus der Jackentasche, notierte sich Vogelers Satz.
Ich bitte Sie – lassen Sie mich jetzt. Ich werde nach meinem Vortrag auf Fragen antworten.
Der Korrespondent steckte den Block wieder ein. Wollen wir zusammen zu Abend essen?
Vogeler seufzte. Nein, bitte, ich möchte allein sein. Essen kann ich jetzt sowieso nichts. Vielleicht später.
Als Lasker gegangen war, schaltete Vogeler das Deckenlicht ein. Er zog den Vorhang zur kleinen Bühne zu. Stellte seinen Zeigestock neben seinen Stuhl. Das Billard mit verschossenem grünen Tuch schob er in die hintere Ecke des Saales.
Er stellte sich vor die Tafel, mit der er seinen Vortrag beginnen wollte. Er wußte, daß er keine Vorbereitung brauchte. Er konnte ohne Stichpunkte oder Rednerzettel sprechen. Aber es ging nicht um ihn. Was er sagte, mußte so sein, daß die Menschen glaubten, wovon er sprach. Es ging nicht um seinen Eindruck auf andere. Es ging um Aufklärung. Um das wahre Bild von Sowjetrußland. Gegen die Lügen, die in Deutschland, in allen europäischen Ländern verbreitet wurden. Gegen die Hetze, die Drohungen.
Die Tafel, vor der er stand, war fast zwei Meter hoch und einen Meter breit. Hoch oben im Zentrum der Tafel, in der Mitte des fünfzackigen roten Sterns die Figur eines Arbeiters, die Arme gebunden, die Hände gefesselt. Die linke Seite des Sterns weist auf den Teil der Welt, der die Arbeiter knebelt, niederdrückt, Männer und Frauen ihrer Freiheit beraubt, das Kapital und seine Vertreter: Richter, Polizisten, Fabrikbesitzer, Gefangenenwärter.
Die rechte Spitze des Sterns weist auf die Zukunft, die Befreiung. Lachende russische Kinder in weißen Blusen. Ein Sowjetsoldat auf Wacht. Ganz von Rot umgeben, der Farbe des Lebens und der Farbe

der Arbeiter – Lenin. Dunkel gekleidet, die Schirmmütze, die Hände in den Hosentaschen. Entschlossen und gerade. Ein Mann der Tat.
Die unteren beiden Spitzen des Sterns strahlen auf vielgestaltige Felder und Flächen. Alles was zur Roten Hilfe gehört, woraus sie wächst und wie sie wirkt: Versammlungen von Arbeitern, Sprechchöre. Zwei Männer im Gefängnis, die sich mit einem Lied Zuversicht geben ...
Qual, Verfolgung, Not und Kerker dämpfen nicht den Mut ...
Eine verhärmte Frau mit Kindern. Ein Mann, liegend, vor Hunger dahinsiechend.
Kämpfende mit Gewehren im Aufbruch. Aber auch Kinder, die sich zu einem Kreis vereinigen, auf grüner Wiese, schützend von Fahnen umgeben. Hinter den Kindern erkennt man den Barkenhoff, der die Inschrift trägt *Proletarier-Kinderheim.*
Vogeler sah sich um. Die ersten Gäste kamen. Sie standen vor den Tafeln, vor den Bidern, die seine Eindrücke aus Sowjetrußland wiedergaben. Vogeler kannte die Gesichter der Besucher vor seinen Vorträgen. Zurückhaltung, Scheu, Ablehnung.
Er zog sich in eine Kammer neben der Bühne zurück. Er sah aus dem Fenster, auf einen rechteckigen Hof. Bierkästen. Leere Weinflaschen. Eine Leiter. Ein hölzerner Bottich.
Hinter seinem Rücken hörte er, wie der Saal sich füllte. Schritte. Gespräch. Schurren von Stühlen. Lachen.
Er sah auf die Uhr. Halb acht. Vogeler ging in den Saal. Siebzig oder achtzig Menschen, wenig Frauen.
Vogeler räusperte sich und begann:
Vor drei Jahren reiste ich zum erstenmal nach Moskau. Mein Sohn wurde dort geboren. Ich habe Studenten einer Moskauer Universität unterrichtet und mit meiner Familie unter ihnen gelebt. Ich wanderte im hohen Norden. ich war unterwegs über Karelien bis Murmansk. Ich sah das große Werden, die Umwandlung aller menschlichen Verhältnisse von Grund auf. Diese gewaltigen Eindrücke trieben mich zu einer neuen Art der künstlerischen Gestaltung. Ich versuche all das zusammenzutragen, was das Umfassende, das Durchdringen des Geschehens ausmacht.
Vogeler nahm den Zeigestock und ging zu der Tafel, die das Wirken der Roten Hilfe darstellt: Sowjetstern, Hammer und Sichel wurden zu

Moskauer Ausstellung bei Nacht, 1923
Federzeichnung

wesentlichen Elementen der Komposition. Die einzelnen, zusammengefügten Teile des Ganzen sollen die Vielgestaltigkeit der neuen Wirklichkeit zum Ausdruck bringen. Hier sehen Sie die Verfolgung der politischen Kämpfer in den kapitalistischen Ländern.
Vogeler spürte, daß die im Saal Sitzenden ihm jetzt mit uneingeschränktem Interesse zuhörten. Sie folgten den Bewegungen seines Zeigestocks. Er sah, wie sich ihnen der Sinn der Tafeln durch seine Erklärungen erschloß. Ganz hinten saß Lasker und schrieb eifrig. Vogeler sah, wie die Müdigkeit aus den Gesichtern wich. Er blickte in eine gespannte mit ihm denkende Versammlung.
Er schloß: Ich habe das machtvolle Werden der neuen Gesellschaft gesehen. Auch für Deutschland wird es keinen anderen Weg geben als den sozialistischen. Die Zukunft gehört der Internationalen Arbeiterklasse. Es lebe die Solidarität. Es lebe die Rote Hilfe!
Applaus. Gemurmel. Zigarren und Pfeifen wurden angezündet.
Es wurde zur Diskussion aufgefordert. Zu Fragen.
Erst zögernd, dann immer heftiger, immer widersprüchlicher wurde gesprochen.
Vogeler notierte Fragen, einzelne bezeichnende Sätze auf Zetteln. Er hob sie auf, um sie in die nächsten Vorträge einzuarbeiten. In der neuen Gesellschaft hungert das Volk mehr als in der alten. Heißt das Fortschritt?
Der Sozialismus verspricht Freiheit, warum braucht er eine Diktatur, um sich zu behaupten?
Wie steht es mit dem Geistigen? Werden die Menschen ohne moralische Werte nicht zu seelenlosen Automaten?
Eine junge Frau stand auf: Ihre Tafeln erinnern mich an Kirchenbilder. Ist das nicht neuer Wein in alten Schläuchen?

Das nasse, neblige Berlin, das sie vor zehn Tagen verlassen hatten, schien Traumbereichen zuzugehören. Auch die Sorge vor dem kommenden Winter. Die Schwierigkeiten, Heizungsmaterial zu ergattern, Geld für das Notwendigste. Auseinandersetzungen in der Partei. Fruchtlose, erschöpfende Debatten. Das Gefühl, etwas Bedrohliches, Beängstigendes bereite sich in Deutschland vor. Streit mit Sonja. Der Tod der Mutter. Rilkes Tod, Zweifel an der eigenen Kraft. Am eigenen Weg.

Alles, alles war zurückgeblieben. Vom Rattern der Eisenbahnen zerstoben. Von tagelanger Fahrt an den Rand des Bewußtseins geschoben.

Vogeler fühlte sich von Last befreit. Vom Grübelnmüssen. Von Verzagtheit.

Vollmond schien. So hell, daß sein Licht das Blattgeranke der Laube durchbrach und in ihrem Innern Schatten warf. Overbecks Satz: Ich müßte einen Himmel malen können, nichts als Himmel, an dem man sieht, daß Oktober ist. Ich möchte den Mond malen können, dachte Vogeler, diesen südlichen Mond.

Er betrachtete die Runde. Sonja, selbstbewußt und heiter. Maurice, der Russe mit dem französischen Namen. Er war vor der Revolution als Emigrantenkind in Paris geboren. Maurice hatte zu dieser Reise eingeladen, die sie aus dem herbstlichen, engen Berlin in die unbekannte Weite gebracht hatte. In den Sommer. In die üppige Fruchtbarkeit Asiens.

Maurice unterhielt sich mit einem der jungen Männer aus dem Dorf. Vogeler beneidete Maurice. Er konnte sich nicht nur in fast allen europäischen Sprachen verständigen, er sprach auch Persisch, dem Usbekischen verwandt. Ein begabter Mensch. Offen und freundlich.

Neben Maurice saß Alexej, ein Moskauer Student. Er spielte mit Lajka, einem Hund, der sie auf der Reise begleitete. Die anderen fünf waren junge Burschen aus dem Dorf, in das sich noch nie Europäer verirrt hatten. Sie betrachteten die Kleidung der Gäste, begutachteten Vogelers Rucksack, seine Kartentasche, die ihm Walter vor Jahren zum Abschied aus Worpswede geschenkt hatte, blätterten in Maurice' Wörterbuch.

Ihre eigentliche Aufmerksamkeit galt Sonja, der einzigen Frau beim nächtlichen Mahl. Vogeler wußte, für die Usbeken war es ein Ereignis, nicht vorstellbar, daß eine Frau sich im Kreis der Männer bewegte, ohne Scheu, ohne Scham. Vor allem aber – ohne Schleier.

In der Mitte der Laube, auf einem niedrigen Tischchen standen zwei Tabletts. Auf ihnen häufte sich, was der Landstrich an Früchten bot. Melonenschnitten, Weintrauben, Pfirsiche, Tomaten, eingelegte Pilze. Eine mehlige Frucht, die auch Maurice nicht kannte und für deren Namen er keine Übersetzung fand.

Die jungen Männer hatten dreisaitige Zupfinstrumente mitgebracht.

Sie sangen und spielten. Ungewohnte Klänge. Bei den hohen Tönen reckten sie die Hälse in die Luft.
Sonja kicherte. Die Wölfe heulen den Mond an, sagte sie deutsch. Vogeler, obwohl auch ihn der Gesang erheiterte, warf ihr einen mißbilligenden Blick zu.
Jaja, ich weiß. Sie lachte und zitierte mit komischem Ausdruck einen Satz von Vogeler: Meine Liebe, man soll sich nie über die Sitten und Gebräuche eines Landes lustig machen.
Vogeler trank ihr zu. Kühl rann der Wein aus den Zinnbechern auf die Zunge.
Lange hatte Vogeler Sonja nicht mehr so fröhlich gesehen. Es war ihre erste gemeinsame Reise, seit Jan Jürgen auf der Welt war. Eine von Sonjas Freundinnen hat ihn zu sich genommen.
Ein Nachtfalter, groß wie eine Fledermaus, flatterte in die Laube. Er suchte einen dunklen Platz. Seine Augen leuchteten. Sie warfen das Mondlicht zurück oder besaßen eigenen Glanz.
Vogeler betrachtete die Ornamente auf den Flügeln. So viele Dinge, die ich nie gesehen habe. Vogeler stand auf, verließ die Laube. Der Ort lag in einem Tal, von Hügelketten umgeben.
Aus dem Gebüsch am Wegrand ein vertrauter Ton. Vogeler stand still. So sang nur eine Nachtigall. Andere antworteten. Klagend, schluchzend. Voll Jubel und Süße.
Er ging in die Laube zurück. Es drängte ihn zu sprechen. Maurice, sagte er, wenn du magst, übersetze.
Er nahm seinen Becher: Liebe Freunde, ich trinke auf eure Gesundheit. Ich trinke auf alles, was euch Freude macht. Wir danken euch für eure Gastfreundschaft. Ich bin der älteste von euch, darum laßt es mich aussprechen. Diese Runde zeigt, wie die Zukunft sein kann. Menschen aus verschiedenen Völkern, friedlich beieinander. Wir genießen die Früchte der Erde, die uns reich beschenkt, wenn wir sie nicht durch Krieg und Haß und Unverstand zerstören.
Unsere Kinder, ob Russen, Deutsche, Usbeken, Chinesen oder Australier – sie werden leben wie in einer großen Familie. Sie werden leben in einem Zustand, den wir ersehen – in Weltfrieden.
Maurice sah Vogeler mit großen Augen an. Bevor er übersetzen konnte, stand einer der Usbeken auf und forderte die anderen zu einem gemeinsamen Gesang auf.

Tatarische Gebirgslandschaft, 1924
Federzeichnung

Sie sangen voll Inbrunst und reckten die Hälse. Den Gästen schien es nicht mehr komisch. Sie verstanden die Geste. Eine ausgestreckte Hand.

Sonja war gegen Abend aus dem Haus gegangen. Um eine Übersetzungsarbeit abzuliefern? Um einen Vortrag zu halten? Vogeler hatte es vergessen, oder er hatte nicht danach gefragt. Der Zettel im Hausflur teilte mit, daß er nicht zu warten brauche. Es könne sehr spät werden.

Vorsichtig ging Vogeler in das Zimmerchen, das Jan Jürgen gehörte. Er schlief.

Jan? fragte er leise. Der Junge regte sich nicht.

Vogeler nahm die Kleider vom Stuhl und setzte sich neben das Bett. Er fühlte sich müde. Er war früh ins Büro gegangen. Den ganzen Tag Zeichnungen. Werbung für Kaffee. Werbung für eine Sammlung der Roten Hilfe.

Jan bewegte sich und legte sich auf die andere Seite. Vogeler zog ihm die Decke bis über die Schultern. Es war kühl im Zimmer. Der Kohlevorrat ging zur Neige. In einer Woche war das Geld für die Miete fällig. Eine Mahnung, die Rechnung für das elektrische Licht zu bezahlen, lag seit Tagen unter dem Brotkasten in der Küche.

Vielleicht bekam Sonja ein bißchen Honorar für ihren Artikel, der schon gedruckt war. Wenn nicht – Vogeler legte die Hand auf die linke Seite. Die Herzgegend schmerzte.

Ich bin zermürbt, dachte er. Zehn Stunden am Arbeitstisch, das schafft mein Körper nicht mehr. Jeden Tag Sorgen ums Geld.

Wenn es die Arbeitsgemeinschaft nicht gäbe, wären wir wohl schon ganz am Ende. Reichtümer werden wir nie erwerben, aber daß jemand neben einem sitzt, mit dem man sich gleich gesinnt weiß, das hilft.

Die Kugel – Arbeitsgemeinschaft schaffender Künstler. Kreis und Kugel, Symbol der Harmonie. Ein Schutz nach außen. Gegen den Hunger, gegen Bedrohung, gegen eine Umgebung, die er als feindselig empfand.

Vogeler stand auf und ging leise aus dem Zimmer. Ein Berliner wird aus mir nicht.

Sie hatten jahrelang auf die kleine Wohnung in der neuen Arbeitersiedlung gewartet, aber seit sie hier wohnten, bedrängte ihn von allen

Seiten Unbehagen. Immer wieder Auseinandersetzungen mit Sonja. Über Politik, über Haltungen der Partei. Um Geld, um Malerei, und manchmal um ein Nichts. Zank aus Gereiztheit und Enge.
Im Flur stolperte er über Jan Jürgens Stiefelchen. In dieser Wohnung stieß man überall an.
Du hast in schlimmeren Wohnungen gewohnt, versuchte er sich zu beschwichtigen. Das Unbehagen kommt aus dir, aus deinem Befinden. Puppenstuben nannte Sonja die kleinen Räume. Er dachte: Ich fühle mich wie in der Kaninchenbucht.
In der Küche sah er nach Eßbarem. Eine Kohlrübe lag im Gemüsekorb, ein paar Kartoffeln. Die beiden Äpfel in der Schale auf dem Regal gehörten Jan Jürgen.
Ein Stückchen Speck war da, etwas Schmalz, ein halbes Brot. In der Blechbüchse Tee. Ein Geschenk von Maurice aus Moskau.
Die Schütten im Schrank mit Zucker, Mehl und Grieß halb gefüllt. Mit den Vorräten ließen sich ein paar Tage überstehen.
In Vogelers Schlaf hatten sich Hungerträume eingeschlichen. Er sah gedeckte Tafeln, Schüsseln, in denen Gekochtes dampfte. Er sah gebackene Hühnerkeulen. Bratkartoffeln. Einmal träumte er, daß er auf der Straße eine Tafel Schokolade fand. Als er sich bückte, um sie an sich zu nehmen, wachte er auf.
Vogeler aß zwei Teelöffel Zucker und trank ein Glas Wasser aus der Leitung. Das beschwichtigt den Magen für eine Weile.
Die Küchenuhr zeigte halb elf. Um sieben mußte er spätestens aufstehen. Sechs Stunden Schlaf waren für ihn ausreichend. Aber er mochte weder lesen, noch am Bild arbeiten, das auf der Staffelei stand. Er sah nach draußen. Die Straße war menschenleer, hinter zwei Fenstern auf der gegenüberliegenden Seite brannte Licht.
Er wußte, er konnte noch nicht schlafen.
Wenn ich hier sitzen bleibe, kommen die Affen.
Er hatte ihnen Namen gegeben; was einen Namen hat, ist erkennbar, weniger zum Fürchten. Der Affe Selbsthaß, der Affe Todessehnsucht, der Affe Trauer fielen über ihn her. Sie umzingelten, umklammerten ihn. Er konnte unter ihrem Gewicht nicht sprechen, nicht denken. Von ihren Umklammerungen rührten die Schmerzen her, deren Ursache in keiner Krankheit lag. Das Herz schmerzte, der Brustkorb, der Rücken, der Kopf. Alle Gelenke taten weh.

Vogeler streifte sich seinen Rollkragenpullover über. Knöpfte die Joppe zu. Im Flur suchte er in der Garderobe nach seinen Handschuhen. Er griff Papier, zog eine Broschüre heraus.
Polizeiterror gegen Kind und Kunst.
Sonja mußte das Heftchen hier versteckt haben. Sie wußte, daß Vogeler alles aufregte, was mit der Schrift zu tun hatte.
Ach Sonja, das sieht dir ähnlich, dachte er. Dieser rührende Versuch.
Die Handschuhe lagen nicht im Fach. Vogeler schloß die Haustür auf.
Es nieselte. Eine Mischung von Regen und Graupel.
Im Gehen, in der Bewegung, fand er Beruhigung. Ich sitze zu viel, täglich zehn Stunden Arbeit.
Nein, ermahnte er sich. Weich nicht aus. Deine Affen kommen nicht aus der Arbeit. Du hast nicht verwunden, was mit dem Heft zusammenhängt, das Sonja verstecken wollte. Du weißt nicht, ist es Erfolg, ist es schmähliche Niederlage. Der Anfang von Schlimmerem.
Er zwang sich zurückzudenken.
Die Nachricht hatte ihn während der letzten Studienreise in Moskau erreicht: Im Namen der Regierung hatten die Behörden, die für Worpswede zuständig waren, den Barkenhoff vor die Entscheidung gestellt: Entweder Entfernung der Fresken aus der Diele, oder Schließung des Kinderheims.
Vogeler und Sonja hatten die Reise abgebrochen und waren zurück nach Deutschland gefahren. Entfernung hieß Vernichtung. Die Bilder waren auf die Wand gemalt.
Auf der Fahrt ging ihm unabweisbar ein Satz durch die Gedanken: Das ist dein Land, dein Volk, in dem dir das geschieht. Berufskollegen habt acht, hatte er in einem Aufruf geschrieben. Diese Attacke ist der Auftakt des Kampfes der schwärzesten Reaktion gegen die sogenannten freien Künste! Deutsche Künstler steht als Einheit zusammen! Gegen den Mißbrauch der behördlichen Machtmittel zur Unterdrückung freier Kunst!
Das Echo auf den öffentlichen Hilferuf hatte ihn verwundert, verblüfft und gerührt.
Eine lange Liste mit ehrwürdigen Namen. Nicht nur Maler, Grafiker, Bildhauer unterschrieben eine Protestschrift. Ärzte, Historiker, Wis-

senschaftler und die besten Schriftsteller des Landes verurteilten die Entfernung der Wandbilder. Eine Welle der Empörung.
Siehst du, ermunterte ihn Sonja. Das ist Solidarität. Rote Hilfe.
Die Zeitungen berichteten: Wir kuschen nicht. Wir lassen uns durch Drohungen nicht einschüchtern. Diese Bilder werden bleiben, wo und wie sie Heinrich Vogeler gemalt hat!
Und das Ergebnis? Vogeler seufzte. Die Bilder waren verhängt. Den Blicken der Kinder entzogen, die aus eigener Erfahrung nur zu gut kannten, was dort gemalt ist: Verfolgung und Gefängnishaft für die Väter, ständige Bedrohung von Hunger, von Arbeitslosigkeit.
Am meisten störte sie der Sowjetstern, hatte Sonja gesagt. Der reizt die Reaktion mehr als den Stier das rote Tuch.
Vielleicht hat Sonja recht. Und was reizt mich am meisten, dachte Vogeler. Ich kann es nicht ertragen, daß so etwas in Deutschland möglich ist, dem Land der Kultur, dem Land der Dichter und Denker. Ich kann es nicht ertragen, daß mein Volk, das so aufrührerisch war, so stolz in seinem Streben nach Freiheit, nach Selbstbestimmung, vergessen hat, wonach es im November vor zehn Jahren rief.
Ich kann es nicht ertragen, keinen Ausweg zu sehen.
Vogeler setzte sich unter einer Laterne auf den Bordstein. Ich bin am Ende. Ich habe nichts mehr zu hoffen. Ich bin überflüssig, ausgestoßen, nutzlos, ein Krüppel.
Ich bleibe hier sitzen. Der Schnee hüllt mich ein. Der Schnee wird mich wärmen. Der Schnee wird mich bedecken. In den Schnee traut sich kein Affe. Ich bin entkommen.
Vogeler fühlte sich in den Rücken gestoßen. Eine unmutige Stimme. He, Männeken! Biste besoffen?
Eine kalte Hand hob Vogelers Kinn nach oben. Wenn dir nach's Himmelreich is, bitte schön. Aber nich vor meine Tür. Na komm schon!
Der Mann zerrte Vogeler vom Bordstein hoch. So, und nu gehste schön nach Hause, zu Muttern.
Zu Muttern. Vogeler setzte mühsam seine schmerzenden Füße voreinander. Ihm war noch nie so kalt gewesen.

◆

Und wieder: Arbeiten in der Sowjetunion. In Moskau.
Vogeler rückte die Hartfaserplatte zurecht. Das Bild sollte großzügig werden, ohne Einzelheiten, die den Eindruck von Helle, Weite und Aufbruch zerstören.
Ganz in der linken unteren Ecke die Arba, die zweirädrige Kutsche. In Umrissen, auf roten Kissen zwei Reisende. Schemen nur. Schatten. Das kleine arabische Pferd trabend. Der Reiter mit dem gewickelten Tuch um den Kopf.
Eine Hügelkette als Horizont. Nackt. Wüstenlandschaft.
Über den Bergen Blau. Der Himmel. Alles beleuchtet von dem Mond, dem Licht aus Rot und Weiß.
Nur einmal, drei Nächte lang, hatte er den Mond in diesen Farben gesehen. Unvergeßlich!
Vogeler trat zurück, kniff die Augen zusammen. Das Bild aus der Erinnerung mußte nun Bild auf der Platte werden.
Mit vorsichtigen Strichen, hastig und sicher, malte er die ersten Konturen.
Die Linien der Gefährten entstanden. Die abfallende Hügelkette. Der Himmel. Er war nicht von gleichmäßigem Blau, hell über dem Horizont, nach oben sich verdunkelnd. Der Farbigkeit des Mondlichts gleichermaßen widerstrebend wie sie aufnehmend.
Es klopfte.
Unwillig legte Vogeler die Palette beiseite. Strich den breiten Pinsel aus.
Vor der Tür stand der Portier.
Besuch, sagte er.
Ich will nicht gestört werden.
Der Portier zog die Tür wieder auf. Ein Gast aus Deutschland, sagte er. Ein Freund. Er läßt sich nicht abweisen.
Vogeler zog den fleckigen Kittel aus, den er zum Malen übergestreift hatte.
Es klopfte. Vogeler konnte sich nicht erinnern, dem Mann schon einmal begegnet zu sein.
Ich komme aus Bremen. Mein Name ist Hauser. Ich habe einige Zeit auf Ihrem Barkenhoff verbracht. In der Arbeitsschule. Zweiundzwanzig, dreiundzwanzig muß das gewesen sein.
Der Mann sah ihn erwartungsvoll an.

Badehaus, 1924
Federzeichnung

Vogeler wies auf einen Stuhl. Bitte. Und was kann ich für Sie tun?
Tausende waren in den Jahren nach dem Krieg auf den Barkenhoff gekommen. Für ein paar Tage, Wochen, manche nur für Stunden. Es mochte stimmen, was der Mann sagte.
Man hat Sie in Deutschland nicht vergessen. Es gibt viele Leute, die sich an Sie erinnern und Ihre Kunst verehren. Ich wollte gern wissen, wie Sie hier leben.
Vogeler wies auf die Wände, an denen Bilder hingen. Tafeln und Skizzen: Bitte, sehen Sie sich um, ich werde uns Tee machen.
Er setzte Wasser auf. Das Kännchen mit dem Sud war noch fast voll.
Die Hände auf dem Rücken übereinandergelegt, stand Hauser vor den Arbeiten.
Sie malen keine großen Tafeln mehr?
Nein, sie haben keinen rechten Anklang gefunden, weder in Deutschland noch hier. Vielleicht habe ich nicht richtig verstanden, das auszudrücken, was mir am Herzen lag. Es waren Vorstufen für anderes. Jedenfalls ist diese Phase für mich abgeschlossen.
Das Wasser war heiß. Vogeler goß ein, reichte dem Gast den Zucker.
Hauser sah ihn an: Herr Vogeler, ich möchte nicht aufdringlich sein, ich würde Ihnen gern ein paar Fragen stellen.
Vogeler rührte im Tee. Ich möchte Ihnen zuerst eine Frage stellen. Wer hat Sie zu mir geschickt?
Der Gast legte die rechte Hand auf die Herzseite. Glauben Sie mir, niemand hat mich geschickt. Ihre alten Bremer Freunde möchten wissen, wie Sie in Moskau leben. Ich bin geschäftlich hier. Ich habe mit Politik nichts zu tun. Betrachten Sie mich als Freund Ihrer Kunst!
Doch, dachte Vogeler, Geschäfte sind Politik. Er sagte: Fragen Sie. Aber bitte – meine Zeit ist bemessen. Ich habe zu tun.
Hauser sah zu den Wänden. Wer bezahlt Sie?
Die Regierung. Ich bekomme Aufträge für einen bestimmten Zeitraum. Die in dieser Frist entstandenen Arbeiten liefere ich ab. Seit kurzem beziehe ich eine Staatsrente.
Haben Sie Ihren Wohnsitz freiwillig in Moskau genommen?
Vogeler betrachtete das Bild auf der Staffelei. Die Plane des Wagens müßte etwas von der Himmelsfarbe wiedergeben. Ich möchte arbeiten. Auch der Sand müßte leuchtender sein. Schimmernd. Die Fragen, die Herr Hauser stellt, sind müßig.

Was verstehen Sie unter freiwillig? Ich habe bei Hitlers Machtantritt einige Entwürfe für Bauten im Bereich der Landwirtschaft entworfen. Nach dreiunddreißig verbot sich die Rückkehr nach Deutschland. Ich wäre kein lebender Mann mehr, nehme ich an.
Hauser wehrte erschrocken ab. Meine Frage bezog sich nur auf den Ort, die Stadt. Ich wollte wissen, ob Sie gern in Moskau leben.
Vogeler wies auf seine Arbeiten. Ich bin kein Mensch der Stadt. Wenn irgend möglich, arbeite ich in den entfernteren Gegenden, auf dem Lande. Überall ist in diesem Land etwas im Werden, was sich aufzuzeichnen lohnt. Ich habe Karelien bereist, die asiatischen Steppen, das Hochgebirge, die Baumwollfelder in Usbekistan ... In Karelien habe ich einige Zeit unter den Holzfällern gelebt, im tiefsten Winter. Ich habe bei dreißig Grad Kälte gearbeitet und habe gemalt. Das macht mir so leicht auch kein Jüngerer nach. Oder wissen Sie jemanden?
Das Gespräch verließ die Form einer Befragung, Vogeler sah seinem Gast an, daß er froh darüber war. Vielleicht trieb ihn wirklich nichts als Neugier in sein Atelier.
Ich weiß, daß es für Deutsche schwer vorstellbar ist, daß jemand freiwillig in der Sowjetunion lebt. Sehen Sie – Sie sind gut gekleidet. Meine Sachen sind gestopft und geflickt. Ärmlich. Das Bildungsniveau des Volkes ist hier niedriger als im westlichen Europa. Überall muß man aufholen. Aber in diesen vielen Völkern sind Kräfte vorhanden, die es zu erwecken gilt, Kräfte, die dem wirklichen Fortschritt dienen.
Hauser schwieg. Er strich unruhig mit dem Daumen über die Bügelfalte in seiner Hose.
Fortschritt ist nicht immer leuchtend und herrlich, sagte Vogeler leise. Er wird oft übertönt von dem, was sicheren Bestand hat. Das Neue ist voller Gegensätze, voller Irrtümer. Auch schwach. Aber wenn ein Keim wirklich dem Zukünftigen gehört, dann entwickelt er auch die Kraft zu wachsen.
Er sah wieder zur Staffelei. So, wie wir damals reisten, Sonja, Maurice, Alexej – voller Zuversicht, voller Gewißheit, daß alles sich zum Vernünftigen wendet, als alles erreichbar schien ...
Hauser unterbrach seine Gedanken: Gestatten Sie noch eine persönliche Frage. Sie leben allein?

Ich lebe mit meinen Erinnerungen, war Vogeler versucht zu sagen. Mein Sohn ist in der Ausbildung. Meine Frau ist beruflich oft unterwegs. Während er sprach, ärgerte er sich, auf die Frage eingegangen zu sein.
Entschuldigen Sie, das Private dürfte in Bremen wohl kaum von Interesse sein.
Der Tee war kalt geworden. Wenn Hauser nicht bald ging, war es zu dunkel zum Malen.
Hauser legte die Beine übereinander: Glauben Sie, daß der Krieg auf Rußland übergreift?
Vogeler stand auf. Er konnte nicht verhindern, daß sein Herz heftig zu schlagen begann: Der Krieg greift nicht über. Hitlerdeutschland hat den Krieg über die Völker gebracht. Den Irrsinn ...
An der Tür zögerte Hauser. Er murmelte gute Wünsche für Gesundheit und erfolgreiche Arbeit. Bevor er ging sagte er: Aber haben Sie nicht manchmal Sehnsucht nach Ihrer alten Heimat?
Nein, entgegnete Vogeler kühl. Ich habe mit diesem Deutschland nichts zu tun.
Er schloß die Tür, blieb mit dem Rücken an die Wand gelehnt stehen. Allmählich beruhigte sich das Herzklopfen. Er ging an die Staffelei, nahm den Pinsel, setzte ein paar Tupfen.
Das Bild hatte sich ihm entzogen.
Vogeler räumte das Teegeschirr zusammen. Spülte die Gläser aus, setzte sie wieder ins Regal. Was zu ordnen war, war geordnet. Er ging im länglichen Raum auf und ab.
Aber haben Sie nicht manchmal Sehnsucht nach Ihrer alten Heimat?
Vogeler hockte sich auf den Schemel vor der Staffelei und legte die Hände vors Gesicht.
Dieser Hauser fuhr ins Bremische, in die Landschaft der Kindheit, der reinen Liebe.
Nie wieder werde ich die Brücke über die Hamme gehen, auf der Martha ging. Nie wieder das weiche Septemberlicht über dem Weyerberg, die Birken vor dem Barkenhoff. Ein Weihnachtslied am Nikolaustag.

Die Nacht war warm. In den geschlossenen Räumen des Rundfunksenders hing drückend die verbrauchte Luft.

Pinselzeichnung für die Broschüre
„Das Dritte Reich“
mit Versen von Johannes R. Becher, 1934

Lilo, eine junge Emigrantin aus Magdeburg, verließ zusammen mit Vogeler das Studio.
Auf der Straße blieben sie stehen und atmeten tief. Die Milchstraße glänzte am Himmel. Sie gingen stumm nebeneinander her, jeder in eigene Gedanken versunken.
Vogeler sah die junge Frau von der Seite an. Vielleicht denken wir auch beide dasselbe, daß es keinen Angriff gibt, daß man eine Nacht lang schlafen kann.
Lilo griff nach Vogelers Arm. Ich habe manchmal so furchtbare Angst, sagte sie unvermittelt. Sie zerfrißt mich. Ich kann mich nicht dagegen wehren. Mein Vater hat mir einen lateinischen Spruch in ein Buch geschrieben: Die beständige Arbeit besiegt alles. Ich schäme mich, aber diese Angst kann ich nicht besiegen. Nicht durch Arbeit. Durch nichts. Vogeler strich über ihre Hand. Wie alt sind Sie?
Zweiundzwanzig.
Es klang wie Hilferuf, wie Klage.
Ich bringe Sie zur Metro, sagte Vogeler.
Lilo zupfte am Bügel ihrer Tasche. Wenn ich Angst habe, kann ich an nichts mehr glauben. Was meinen Sie, ob sie uns in Deutschland hören? Es ist doch verboten, ausländische Sender einzustellen. Vielleicht ist alles ganz umsonst, was wir machen.
Was man gegen den Krieg tut, hat einen Sinn, sagte Vogeler gegen die eigenen Zweifel.
Herr Vogeler – Sie haben schon viel erlebt. Bestimmt viel Gutes, meine ich. Aber ich! Ich hab doch noch gar nicht –
Der Rest des Satzes wurde von einsetzendem Heulen der Sirenen übertönt.
Da sind sie, die Faschisten, sagte Lilo voller Haß.
Sie suchte nach Markierungen, die den nächsten Luftschutzkeller anzeigten.
Der Raum war überfüllt. Auf Bündeln und Koffern, saßen alte Leute, Frauen mit Kindern, manche auf der bloßen Erde, den Rücken zur Wand.
Sehen Sie nur, was die Kinder für Augen haben. Wenn ich solche Augen sehe, denke ich immer, ich bin schuld an allem.
Vogeler zog Lilo neben sich. Er legte ihr den Arm um die Schultern: Seien Sie ruhig.

Pinselzeichnung für die Broschüre
„Das Dritte Reich"
mit Versen von Johannes R. Becher, 1934

Lilo krampfte ihre Hände ineinander. Wie ich sie hasse, diese faschistischen Schweine. Wie ich sie hasse!
Die Gesichter wandten sich ihnen zu. Mißtrauische Augen. Böse.
Lilo, seien Sie still, bat Vogeler. Es ist nicht gut, wenn Sie hier so laut deutsch sprechen.
Sie legte den Kopf an seine Schulter und begann leise zu schluchzen. Aber ich bin doch kein Nazi. Ich bin doch kein Feind. Ich nicht, ich nicht ...
Vogeler streichelte ihr leise den Rücken, bis sie still wurde. In einer Ecke begann eine Schwangere zu wimmern. Man gab ihr eine Matratze, auf die sie sich setzte. Die Frau strich unablässig über den schweren Leib. Ihr Blick war leer.
Lilo hob den Kopf. Wissen Sie, was es für Gerüchte gibt? Daß wir alle aus Moskau weg müssen. Die Deutschen. Aber warum? Ich will lieber in Moskau sterben. Wo ich fremd bin, hab ich noch mehr Angst.
Im Krieg gibt es schnell Gerüchte, flüsterte Vogeler. Wissen Sie, was das Beste ist gegen die Angst? Wir denken uns etwas Lustiges aus, etwas, worüber wir mal schrecklich lachen mußten.
Lilo richtete sich auf und lächelte: Meine Mutter wollte mir zeigen, wie man Kartoffelpuffer bäckt. Wenn die eine Seite durch ist, wirft man ihn mit Schwung in die Luft und fängt ihn mit der Pfanne auf der anderen Seite wieder auf. Und wissen Sie, was meiner Mutter da passiert ist? Lilo kicherte. Der Stiel von der Pfanne ist abgebrochen, und alles lag in der Küche auf dem Boden.
Ja, sagte Vogeler, das muß komisch gewesen sein.
Im Keller war es plötzlich ganz still.
Eine drohende Stimme sagte: Deutsch kaputt.

Das ist Kasachstan. Das ist ein Dorf. Hier leben Bauern. Hier wachsen Hirse und Kartoffeln. Ein Ort, an dem man leben kann. Es gibt Sonne, Mond und Sterne. Es gibt die verläßliche Erde.
Ich habe gelernt, unter schweren Bedingungen zu arbeiten. Ich werde auch hier tun, was nötig ist.
Vogeler stützte sich von der niedrigen Pritsche ab, auf der er lag. Er schleppte sich zum hellen Viereck, dem winzigen Fenster.
Ein Brett war dort angebracht. Der Bauer hatte es angenagelt, als Vogeler noch Geld hatte, als er noch wie die anderen Deutschen beim

Deichbau arbeiten konnte. Das war lange vorbei. Jetzt war er zu schwach. Im Dorf kam seine Rente nicht an. Er war ein Deutscher. Die Deutschen hatten das Land überfallen, den Krieg gebracht. Der Krieg verschlingt die Vernunft.
Auf dem Brett am Fenster lag, was jetzt das Wichtigste war. Beschriebene Blätter. Zettel, Hefte.
Das ist von meinem Leben geblieben. Siebzig Jahre. Ein Häufchen Papier.
Vogeler zog eine Notiz hervor. Vielleicht las diese Zeilen nie jemand. Vielleicht gingen sie mit ihm verloren, aber vielleicht erreichten sie Menschen, die am Anfang stehen. Vielleicht begreifen sie, was das Schlimmste ist – der Krieg, der Vernichter alles Menschlichen.
Vogeler holte den Bleistift aus der Handtasche. Er trug ihn immer bei sich. Alles war notiert: Worpswede, Barkenhoff, Berlin. Die Reisen, die Menschen, die Landschaften. Die Frauen. Martha, Marie und Sonja. Es blieb noch: Moskau. Der Abschied. Die kleine Lilo hatte recht behalten – die meisten Deutschen mußten weg aus Moskau. Aber warum ich, hatte Vogeler gedacht. Warum weg aus Moskau? Hier hab ich zu tun. Hier ist meine Front.
Der Zug mit den vielen hundert Menschen. Bis zur letzten Sekunde die Hoffnung, daß alles ein Irrtum ist, daß man ihn zurückrufen wird. Der Zug fuhr an. Die Hoffnung versank. Jan, der neben dem Zug herlief. Sein schmales, blasses Jungengesicht. Seine Gestalt, die immer kleiner wurde, schließlich verschwand.
Vogeler stützte sich auf die Platte. Die Schmerzen im Leib waren stärker geworden. Ein Geschwür, das ihn quälte. Eine Hungergeschwulst. Er setzte sich aufrecht und versuchte, langsam und gleichmäßig zu atmen.
Vor der Hütte standen Frauen. Sie redeten in einer Sprache, die er nicht verstand. Es waren laute, grelle Stimmen. Töne, die sein Hirn marterten. Ihm schien, sie würden niemals schweigen. Tag und Nacht gellten die Töne in seinen Ohren. Ein Säugling schrie, auch er schrie unablässig. Vielleicht war er krank.
Vogeler schleppte sich zu seinem Lager zurück. Einmal noch ein wohliges Gefühl. Wärme und Stille. Ein liebes Gesicht.
Er glitt in ein Dämmern. Ihm wurde leicht.
Er sah Sommerwolken, Wiesen, Moorwiesen.

Er fühlte sich angehoben. Tee lief ihm über die Bartstoppeln das Kinn herunter ins Hemd. Ein Blick aus Augen, die er nicht kannte. Er fühlte, daß er getragen wurde. Er war im Freien. Nichts als Himmel über sich. Rumpelnd setzte sich der Karren in Bewegung, auf den man ihn gebettet hatte.
Klar, ohne Bedauern, ohne Angst formte sein Denken den Satz: Das ist meine letzte Fahrt.
Die Kinder des Dorfes hatten sich vor der Hütte versammelt. Zwei Jungen liefen bis zum Ortseingang neben dem Wagen her, dann blieben sie stehen und sahen zu, wie er hinter einer Wegbiegung verschwand.

◈

Bildnachweis

Standorte:

Archiv Farbtafel S. 2, 3
Deutsche Staatsbibliothek Berlin Farbtafel S. 4
Große Kunstschau Worpswede, Worpsweder Archiv Schutzumschlag
Haus im Schluh Worpswede Farbtafel S. 6
Museum der Bildenden Künste zu Leipzig S. 55, 119
Roselius- und Modersohn-Becker-Haus Bremen Farbtafel S. 7
Staatliche Galerie Moritzburg Halle S. 21, 53, 61, 67
Staatliche Museen zu Berlin, Gemäldegalerie Farbtafel S. 9, 10, 11, 12, 13, 14, 15, 16
Staatliche Museen zu Berlin, Kupferstichkabinett S. 15, 151, 153, Farbtafel S. 8
Staatliche Kunstsammlungen Dresden, Albertinum Farbtafel S. 1
Staatliche Kunstsammlungen Dresden, Kupferstichkabinett S. 75, 85, 95, 143
Universitätsbibliothek Berlin S. 163, 167, 171, 175, 181

Fotos:

Aufbau-Verlag Farbtafel S. 7
Berliner Verlag (Reproduktionen) S. 163, 167, 175, 181
Peter Hein (Reproduktionen) S. 35, 39, 57, 81, 97, 107, 111, 113, 131, 137, 147, 159, 171, 185, 187, Farbtafel S. 2, 3, 5
Museum der Bildenden Künste zu Leipzig S. 55, 119
Staatliche Kunstsammlungen Dresden, Kupferstichkabinett S. 75, 85, 95, 143
Staatliche Museen zu Berlin S. 15, 151, 153, Farbtafel S. 8–16
Eberhard Renno Farbtafel S. 4
Worpsweder Verlag Schutzumschlag, Farbtafel S. 6
Werner Ziegler S. 21, 53, 61, 67

ISBN 3-358-01344-8

1. Auflage 1989
Lizenz-Nr. 304-270/92/89

Typografische Gestaltung: Andreas Petzold
Gesamtherstellung: Karl-Marx-Werk Pößneck V15/30
LSV 7502
Für Leser von 13 Jahren an
Bestell-Nr. 632 574 0
01280